Rudolf Ohle

Über die romanischen Vorläufer von Shakespeares

Cymbeline

Rudolf Ohle

Über die romanischen Vorläufer von Shakespeares Cymbeline

ISBN/EAN: 9783744616003

Hergestellt in Europa, USA, Kanada, Australien, Japan

Cover: Foto ©Thomas Meinert / pixelio.de

Weitere Bücher finden Sie auf **www.hansebooks.com**

Ueber Die

Romanischen Vorläufer

von

Shakespeares Cymbeline.

Inaugural-Dissertation

Zur

Erlangung Der Philosophischen Doktorwürde

an der

Universität Leipzig.

Verfasst

von

Rudolf Ohle.

1890.

I.

Ueber den Dichter und die Abfassungszeit des Veilchenromans.

Wir beginnen unsere Untersuchung mit dem Veilchenromane, dessen Dichter, wenigstens dem Namen nach, von allen französischen Bearbeitern der Sage allein bekannt ist. Auch lässt sich die Abfassungszeit dieses Werkes chronologisch ziemlich genau bestimmen.

Der Dichter des Veilchenromans nennt sich „Gyrbert de Mosteruel" (v. 6635).[1] Bereits Michel hat die wohl richtige Vermuthung geäussert, dies Mosteruel sei wahrscheinlich Montreuil-sur-Mer. Denn der Roman ist einer Gräfin von Ponthieu gewidmet und preist besonders Barone des nördlichen Frankreichs (z. B. p. 277). Nordfranzösischen Charakter trägt auch die Sprache des Romans, welchen Diez bekanntlich zu seiner Darstellung der pikardischen Mundart benutzt hat (Grammatik[4] I, 127).

Der uns sonst unbekannte Dichter hat offenbar auf Reisen, also durch eigene Anschauung, Mittel-Frankreich, vielleicht auch die Rheinlande kennen gelernt. Dies ergiebt sich aus seinen meist zutreffenden und geographisch richtig gedachten Ortsbestimmungen und Reise-

---

[1] Von v. 6654: Chi defenist Gerars son livre ist abzusehen, hier scheint der Name des Helden irrthümlich für den des Dichters eingesetzt zu sein.

1

routen. [1]) Ferner verräth seine sachkundige Schilderung des hohen Adels persönliche d. h. wahrscheinlich auf seinen Reisen erworbene Bekanntschaft mit den Trägern jener grossen Namen. Die Reisen wird Girbert wohl als fahrender Sänger

---

[1]) Folgende Städte werden theilweis mit richtigen Entfernungsangaben genannt: Pont-de-l'Arche (v. 88), Nevers (v. 308), Melun (v. 693. 752 f.), Bouni (775), Coucy (1206), Metz (1281. 4100 etc.), La Marche bei Nevers (1335 f. 1481 f.), Vergy (2172) in Burgund (1515), Châlons (2267 ff.). — Höchst wahrscheinlich Châlons-s-M. und nicht Châlons-s-S, woran Michel dachte, denn der Ritter braucht 6 Tage (v. 2265), um von Vergy nach Châlons zu reiten, und zieht von da durch die Ardennen (2505) nach Köln (2506) weiter. — In Köln wird das Thor der 3 Könige (2544) und der Rhein (4182) erwähnt. Köln wird belagert durch die Fürsten von Koblenz (2693), von Worms (2782) und von Mainz (2883). Von Köln geht der Ritter nach Mosson (5077) — wohl nicht Mozon bei Sedan (Michel), sondern Pont à Mousson, eine Brücke (5080) wird wenigstens erwähnt, und nach der weiteren Schilderung (5108 ff.) lag der Ort in der Nähe von Metz und Bar-le-Duc (4096. 5840 etc.) Das Turnier findet in Montargis (5735) statt, wohin die Ritter über Château-Landon (5855) und Châtillon-sur-Loing (5959) gelangen. Die Verse 4422—5068 halte ich für einen störenden Einschub. Sie enthalten nur Kopien der bereits erzählten Abenteuer. Die Situation der Burg (4683 ff.) entspricht genau der des Schlosses Vergy (1523 ff.); das Abenteuer 4422—4614 ist nichts als eine breitere Ausführung der 3274—88 erzählten Entführung, die allerdings nicht ohne historische Wahrscheinlichkeit ist, z. B. L'Art de vérifier les dates 1818. X, 138 etc. Ferner wird uns in diesem Theile keine genaue Ortsangabe gegeben. Wir befinden uns in den Ardennen (v. 4446), die, wenngleich nicht ohne Grund verrufen (E. Reclus, La France p. 823), ganz phantastisch beschrieben werden. Dort sprosst der Lorbeer (4466), und dort herrschen menschenfressende Riesen (4768 ff.). Solche Ungereimtheiten finden sich sonst nicht in dem Romane. Sie sind derartig, dass der Verfasser hier nur im Auslande etwas Analoges nachzuweisen vermag, in Irland (4428), Konstantinopel (4647), Parma (4803), und Valencia (4849); während sonst in ähnlichen Wendungen ausschliesslich französische Ortschaften genannt werden z. B. v. 208, 1518, 1560, 1610, 2457, 2464, 5943, 5955. Endlich sind die Namen der Schlösser (Monglai 4596. Bien-Assis 4692) rein erfunden; wie denn überhaupt in diesem Theile kein einziger historischer Name vorkommt. Das sind die Gründe, welche mich bestimmen, diesen Theil bei der Charakteristik des Romans bei Seite zu lassen.

unternommen haben; so erklären sich die genauen Angaben unseres Romans über das Sängerleben, auf die
man schon längst aufmerksam gemacht hat[1]); so erklärt
sich auch der Einblick, der uns durch die dem Romane
eingefügten Lieder[2]) in das Repertoire jener Sänger ge-
währt wird. Der Dichter hat einfach seine eigenen Er-
lebnisse, seine eigenen Kenntnisse und Beobachtungen[3])
auf den Romanhelden übertragen.

Zur Zeit als der Dichter den Veilchenroman schrieb,
scheint er dagegen das unstete Leben aufgegeben und
unter dem Schutze der Gräfin von Ponthieu ein beschei-
denes, aber ihn befriedigendes Heim in Montreuil gefunden
zu haben.[4]) Denn nicht frei von einer gewissen Selbst-
gefälligkeit rühmt er sich der Gunst dieser grossen Dame
(v. 49); mithin wird sich ihre von ihm gepriesene Frei-
gebigkeit (v. 56) auch auf ihn erstreckt haben. Ganz besonders aber spricht für die relativ günstige Lage unseres
Dichters das Fehlen jeder Klage; nun wissen wir aber,
dass gerade Klagen über die schlechten Zeiten, über den
Geiz etc. zu den geläufigsten Gemeinplätzen der mittelalterlichen Schriftsteller gehörten.

Die Frage, ob Girbert sich bereits anderweitig litte-
rarisch versucht hatte, müssen wir unentschieden lassen.
Aus dem Veilchenroman wenigstens lässt sich keine Stelle
anführen, die auf eine frühere litterarische Thätigkeit
anspielt. Die scharfen Worte gegen die stets unzufrie-
denen Kritiker, mit denen er sein Werk eröffnet (v. 23 bis

---

[1]) Wolf im Jahrbuch für wissenschaftliche Kritik. 1837. Duval
in Histoire littéraire XVIII, 770. L. Gautier, Les Epopées Françaises
I, 409. Tobler, Im neuen Reich 1875. S. 333.

[2]) Ueber diese Sitte Tobler, Versbau S. 9. Anm. 1. Todd, Le Dit
de la Panthère d'Amours p. XXV.

[3]) Besonders möchte ich auf v. 1394 f. aufmerksam machen.
(Or puis jou bien por voir retraire Que jouglères mal mestier a etc.)

[4]) Vielleicht wie der von ihm geschilderte Sänger zu La Marche
p. 68 f.

31), enthalten nichts derartiges, zudem sind sie wenig
originell.[1])

> Et se auchuns mesdisans m'ot,
> Et il en a duel et envie
> Se je me déduis en ma vie,
> S'il en dist mal, li mals soit siens; . . .
> Si fait-il grieve as envieus,
> Male goute lor criet lor ieus![2])

Vergleicht man diesen freudigen, fast übermüthigen
Ton, der für den ganzen Roman charakteristisch ist, mit
den trübseligen Klagen des Sirventois (p. 326 ff.), das
Michel zusammen mit dem Romane abgedruckt hat, so wird
man uns zugeben, dass es ziemlich unwahrscheinlich ist,
dass dieser Sirventois von Girbert de Montreuil stamme.[3])
Ueberdies ist der Name des Verfassers es völlig werth-
losen Machwerkes nicht einmal handschriftlich gesichert.

Auch Birch-Hirschfelds Vermuthung (Die Sage vom
Gral, 1877.), unser Girbert sei mit einem der Fortsetzer des Conte de Graal identisch, können wir nicht
beitreten. Dieser Fortsetzer nennt sich nirgends Girbert
de Montreuil, sondern einfach Gerbert (l. c. S. 92).
Selbst daraus, dass auch er möglicherweise ein Pikarde
war[4]), darf man noch nicht folgern, dass er wirklich mit Girbert de Montreuil identisch ist; was Birch-
Hirschfeld ohne weiteres thut, wenn er sagt (l. c.
S. 112): „Der Verfasser des Romans de la Violete war
ein armer fahrender Sänger, dessen Glück von der Gunst
seines Publikums abhing. Das sieht man auch deutlich in

---

[1]) Derartige Verwahrungen finden sich sehr häufig, z. B. Barbazan
et Méon (1808) I, 165. La Manekine ed. Suchier v. 6 f.

[2]) Aehnliche Wendungen v. 424: Maus fus et male flame l'oigne.
3144: Que la male mors vous en vigne. 3933: Maus fus l'arde! 3962:
Dex! c'or fust-il ars en I. fu! etc.

[3]) Vgl. Duval l. c. Victor le Clerc, H. L. XXIII, 92.

[4]) Ein Skeptiker könnte nämlich die pikardischen Spracheigen-
thümlichkeiten auf Rechnung der Abschreiber setzen, was B-H. selbst
einräumt l. c. S. 89. Anm. 2.

seiner Fortsetzung des Conte de Graal, wo er sich . . .
über die Kargheit und Unzuverlässigkeit der eigenen
Zeitgenossen bitter beklagt." Ich bezweifle nicht, dass
dies aus dem Conte de Graal „deutlich" zu ersehen ist,
vermisse hier aber Zitate aus dem Veilchenroman, die
wohl schwerlich beizubringen sind, weil sein Verfasser,
wie gezeigt, mit seiner sozialen Stellung äusserst zufrieden
ist, und weil er für die Gräfin von Ponthieu schreibend
von der Gunst eines fluktuierenden Publikums durchaus
unabhängig ist. Auch die weitere Behauptung Birch-
Hirschfelds scheint mir nicht zuzutreffen (l. c.). „Während
eine grosse Anzahl von Dichtern des Mittelalters es
unterlassen, Beschreibungen ihrer Helden zu geben, ver-
gisst Gerbert dies nicht. Aehnlich wie er Euriant im
R. d. l. V. beschreibt, schildert er das Aeussere Perce-
vals." Dies mag für die Gedichte einer älteren Zeit
richtig sein, schwerlich aber für die Werke unserer
Periode (XIII. Jahrhundert). Besonders liessen die Dichter
der Artus- und Abenteuerromane selten eine Gelegenheit
unbenutzt, uns die Schönheit einer Frau oder eines
Mannes recht ausführlich zu schildern. Die einzelnen
Züge ihrer Schilderungen verrathen jedoch eine derartige
Familienähnlichkeit, dass man aus ihnen unmöglich etwas
anderes folgern darf, als dass solche Portraits in vielen

---

*) Ein Tadel wie im C. d. G. p. 205: Li siecles devient mais trop
chices Que nus n'est prisiez s'il n'est riches, obgleich ziemlich verbreitet z. B. Bible Guiot v. 512 etc., findet sich nirgends im Veilchenroman, wohl aber in dem Sirventois. Selbst ein anderer Gemeinplatz,
bei dem die gleichen Reimworte bestechen könnten, ist verschieden ge-
wendet: C. d. G. (bei Birch-Hirschfeld S. 112) mais je pris moult
petit l'avoir Dont nus ne puet nul bien avoir. Dies ist in der That die
Sprache eines armen Teufels, welcher nie etwas besessen hat; wie
anders lautet es dagegen im R. d. l. V: Wenig geschätzt der Mann s'il
n'a avoir; Namporquant je pris miex savoir C'avoir (v. 3—5), denn
mit „savoir" erwirbt man sich „avoir" (v. 16—17). Uebrigens war die
Zusammenstellung von savoir u. avoir sehr gewöhnlich z. B. Roman de
Rou ed. Andresen I, 7—8. in den Tiraden des II. Theils: v. 535. 537,
2756. 2760, 3460. 63. Bartsch, Chrestomathie de l'ancien français⁴ S.
369, 4 etc.

Punkten conventionelle Gemeinplätze waren.[1]) Ebenso
finden sich in den Romanen des XIII. Jahrh. zahl-
reiche Beschreibungen von Waffen und Kleidern.[2]) Bei
der geringen Gedankenproduktion mittelalterlicher
Dichter ist es nun nicht überraschend, dass wir in
derartigen Schilderungen identische Verse selbst bei
Dichtern, die ganz unabhängig von einander sind, an-
treffen. Trotzdem hat Birch-Hirschfeld zur Unterstützung
seiner Hypothese nur zwei wörtlich übereinstimmende
Verse entdecken können![3]) Reime aber wie fable und

---

[1]) In solchen Schilderungen lassen sich daher leicht gleichlautende
Verse auffinden, z. B. Conte de Poitiers v. 84 En son cief ot I cercle
d'or, Richement sist el ceval sor. v. 342. Vés chi X de ses cevex sors,
Qui plus reluisent que fins ors. — R. d. l. Violette v. 866. Cief ot
crespé, luisant et sor, De coulour resembloit bien or. v. 5016. K'encor
estoit ses chiés plus sors Et plus reluisans que li ors. — Barbazan et M.
IV, 409 Les cheveux tex qui les véist, Qu'avis li fust . . . . Que il
fussent tuit de fin or, Tant estoient luisant et sor. — Conte de Poitiers
v. 516. Qui plus est bele enluminée Que ne soit rose encolorée.
R. d. l. Violette v. 879. La rose qui naist en esté . . . . N'est pas si
bien enluminée, wiederholt v. 5020 f. Dolopathos ed. Brunet et Montaiglon v. 2856. Que flors de lis, ne fleur de rose A son vis semblast
nule chose. — Bartsch l. c. S. 91, 23. Tu es fieblette e tendre chose
E es plus fresche que n'est rose; Tu es plus blanche que cristal,
Que neif que chiet sor glace en val. — Guillaume au Faucon
(Barbazan et M. IV) v. 105 Néis la gorge contreval Sanbloit de glace
ou de cristal. Selbst das ansprechende Bild (Dolopathos v. 2859)
Petite bouche bien assize; Et sembloit que tosjors déist Baise, baise,
findet sich wiederholt z. B. Bartsch l. c. 341, 8f. Ueber das Beiwort
„bien assise" vergl. Mätzner, Altfranzösische Lieder S. 106, der mit
grossem Fleiss einige Gemeinplätze der mittelalterlichen Lyrik zu-
sammengestellt hat. So hat z. B. auch Boccaccio in seinem Ameto
das Mündchen προκαλούμενον φίλημα. Die italienischen Schilderungen
der sinnlichen Frauenreize gleichen den französischen aufs Haar, z. B.
Boccaccio, La Teseide XII, 53 f. ed. Moutier p. 421, oder die von
Fraticelli im Canzoniere di Dante[8] p. 236 f. abgedruckte Canzone, ganz
ähnlich noch Ariosto, Orlando Furioso VII, 11 ff. (von Lessing im Laokoon
besprochen) XI, 65 ff; doch hat Ariost natürlich schon bessere Gemälde
z. B. X, 96 cf. Bojardo, O. J. I, 4, 9. etc.

[2]) A. Schultz, Höfisches Leben (Einleitung). Quicherat, Histoire
du costume S. 199 (unten).

[3]) Auch die übrigen von B-H. aufgeführten gleichen Reimworte

diable [Birch-Hirschfeld S. 115] als irgend wie beweiskräftig anzuführen [1]), halte ich für ebenso verfehlt, als wenn man aus Reimen wie Pentecouste-couste, oder Marbre-arbre, Monde-reonde etc. auf gegenseitige Entlehnungen oder Bekanntschaft der verschiedenen Verfasser schliessen wollte. Auch die übrigen sprachlichen Bemerkungen Birch-Hirschfelds sind nicht entscheidend [2]), wie er dies selbst von seiner Untersuchung über die Behandlung des Reimes zugiebt (S. 117 Anm. 1). Endlich lässt sich die kurze

(S. 113) können m. A. n. die Identität der Verfasser nicht beweisen. Sie finden sich nämlich in den meisten Schilderungen wieder. Der „mostier" erinnerte jeden Dichter unwillkürlich an sein „mestier," z. B Bartsch l. c. S. 13. La Manekine 5359. 60. 8457. 58. Rutebeuf II, 284. 85 etc. Nach dem „souper" ging man in der Regel „coucher". Reime von „muer" und „remuer" finden sich im Veilchenromane ausser den von B.—H. zitierten 160. 61. 3478. 79. 3480. 81. 4337. 38. vgl. Littré unter „remuer".

[1]) Mit dem Teufel, dem Vater der Lüge, wurde viel Unfug getrieben, daher musste man bei seiner Erwähnung stets die Wahrheit des Erzählten noch besonders hervorheben z. B. Jubinal, Jongleurs et Trouvères S. 76 Si vous di-je trestout sanz fable, Que fame ert pleine de deable. Rutebeuf II, 281 v. 487. La Dame entent bien le deable, Bien set que c'est mençonge et fable etc.

[2]) Die tautologische Ausdruckweise findet sich bei vielen mittelalterlichen Schriftstellern, z. B. Auberi ed. Tobler 6, 24 taisir et coisier 6, 28 luire et reflanboier. 10, 30. seus et ois. retenus ne pris. 14, 10 poins ne brochies. Joinville ed. N. de Wailly 136a loer et conseiller 236a dire et raconter 26f preu et avantage 152a noyse et bruit 166c coustume et usaiges etc. Den Unfug, der mit dieser an sich berechtigten Form getrieben wurde, illustriert ein Lied im Veilchenroman v. 2345 cf. Bartsch l. c. 130, 6. Ebenso ist die Zerlegung einer Menschenmenge in ihre einzelnen Bestandtheile eine auf altfr. Gebiete verbreitete Erscheinung: Roman de Rou ed. Andresen II, 566. 758. Disciplina clericalis, Paris 1824 II, 125. Dolopathos 10703. Barb. u. M. II, 224. IV, 131. Chevalier au Lyon ed. Holland v. 901. Aucassin et N. ed. Suchier 34, 5. Das „eigenthümliche" Wort prinsaltiere oder prinsautier (Birch-Hirchfeld S. 116) kann sich natürlich bei Diez nicht finden, da es ein leicht durchsichtiges Compositum ist (cf. Littré). Verbalbildungen mit prime waren gebräuchlich, z. B. prinsegner Rou I, 607. Robert de Clary ed Hopf XI, 9. Méon, N. R. I, 52. Von einem Verbum prinsauter war prinsautier korrekte Nominalbildung. Wie im Veilchenroman (v. 3630) findet sich dies Wort z. B. in der Disciplina clericalis II, 352.

Charakteristik, die Birch-Hirschfeld vom Conte de Graal entwirft [S. 117.18], auf unsern Roman keineswegs ausdehnen. In demselben vermag ich weder irgend welche „satirische Nebenbemerkungen und Abschweifungen [1]", noch irgend eine Spur von einer tieferen geistigen Auffassung und sittlichem „Ernste" zu entdecken.

Fassen wir also unser Urtheil über die verschiedenen Girberts oder Gerberts zusammen, so scheint es uns als das Wahrscheinlichste, dass Girbert de Montreuil von dem Verfasser des Sirventois und dem Fortsetzer des Conte de Graal zu unterscheiden ist. Dies ist die alte, wie Holland (Chrestien de Troies S. 212, Anm. 1) mittheilt, schon von dem sonst ziemlich unzuverlässigen Grässe vorgetragene Ansicht.

Girbert bestimmte seinen Roman für die Gräfin von Ponthieu (v. 59), die er am Schluss seines Werkes näher als Marie von Ponthieu (v. 6644) bezeichnet. Michel (Notice p. II) hat darauf hingewiesen, dass mit dieser Dame nur Marie de Montgomery, einzige Tochter Wilhelms III. und Alices [2]), Schwester Philipp Augusts, gemeint sein kann, welche ihrem Vater 1221 in der Regierung folgte und 1251 starb. Ferner hat Michel (N. p. III) auf Grund einer Konjektur behauptet, dass Girbert den

---

[1]) Daraus hat Rochs gemacht, unser Dichter versetzt „mitunter den Mönchen einen wuchtigen Seitenhieb" (S. 3). Die von ihm zitierte Stelle (R. d. l. V. 509 f.) ist so harmlos, dass sie in einem Brevier Platz finden könnte. Zudem ist es ja bekannt, dass im XIII. Jahrh. nicht die Mönche, sondern die Weltgeistlichkeit die Zielscheibe des abendländischen Witzes waren. So richtig: Victor Le Clerc, H. L. XXIII, 151. Döllinger, Janus S. 289 f. etc. Auch die Tadel Guiots de Provins treffen zumeist die Weltgeistlichkeit; sein Zeugnis darf man nicht deshalb verwerfen, weil er früher Sänger war (Hurter, Innocenz III, Band III, 613). Trotzdem bleibt es wahr, dass die Kirche von diesen „bekehrten" Sängern nicht viel gutes zu erwarten hatte (H. v. Sanct Victor zitiert von L. Gautier l. c. S. 379 Anm. 1). Aber auch kirchlich tadellose Männer bezeugen uns die Korruption des damaligen Klerus, z. B. Gautier de Coinci ed. Poquet p. 484, 115 ff. etc.

[2]) Ueber die Schicksale dieser Dame vergleiche man den etwas romanhaften Bericht in Récits d'un ménestrel de Reims ed. N. de Wailly § 17 f.

Roman nach 1225 abgefasst hat. Er vermuthet nämlich, dass der vom Dichter (v. 6134) erwähnte Herr von Roye identisch sei mit Barthélemy de Roye, welcher zugegen war, als Marie 1225 einen Theil ihrer Länder an Ludwig VIII abtrat. Diese Vermuthung ist richtig; gleichwohl hat Michel eine Stelle des Romans, die zur Datierung viel geeigneter ist, übersehen. Auf diese Stelle hat Birch-Hirschfeld mit Recht aufmerksam gemacht (l. c. S. 119, Anm. 1)[1]; sie lautet:

> v. 6644.   la comtesse Marie
> De Pontiu, ki souvent marie
> Fust auchois que venist à terre
> Souventes fois l'ala requerre;
> Mais sa fois et sa loiautés
> Li rendi terre et yretés.

Hier wird so deutlich auf einen Verlust und eine glückliche Wiedererlangung der gräflichen Besitzungen angespielt, dass wir — in Ermangelung historischer Dokumente — diese Thatsachen einfach als begründet anzunehmen hätten; freilich würde uns dann das Datum fehlen, worauf es hier gerade ankommt. Glücklicherweise ist uns jedoch das Faktum selbst wie das Datum überliefert: Marie de Ponthieu wurde in der That im Juni 1225 bei der von Michel erwähnten Gelegenheit in ihr altes Lehn wieder eingesetzt.[2])

---

[1]) Ich erwähne dies, weil Rochs (S. 3), obgleich er behauptet, Birch-Hirschfeld und L'Art de vérifier les dates gelesen zu haben, alles durcheinander geworfen hat.

[2]) L'Art d. v. l. d. Paris 1818, XII, 330. Marie . . . était mariée, depuis l'an 1208, à Simon de Dammartin, comte d'Aumale lequel ayant suivi le parti de Ferrand, comte de Flandre, contre le roi Philippe-Auguste, avait été proscrit pour ce sujet l'an 1214, après quoi il s'était retiré en Angleterre. Ph.-A. ne borna là sa vengeance; il mit sous sa main, non seulement les terres de Simon, mais encore celles de sa femme, c'est-à-dire le comté de Ponthieu, faisant en cette occassion usage de son droit dans toute la rigueur. . . . . Marie, pour recouvrer une partie de son héritage, céda l'autre au roi Louis VIII. Cet accom-

Sonach kann unser Roman nur nach 1225 verfasst sein. Bedenkt man ferner, dass Girbert nirgends den Gemahl der Gräfin, Simon de Dammartin, der erst 1230 nach Frankreich zurückkehren durfte, erwähnt,[1]) so wird man mir zugeben, dass unser Roman höchst wahrscheinlich noch vor dieser Rückkehr geschrieben wurde. Dafür spricht auch der freudige Ton des Werkes, der gleichsam die gehobene Feststimmung nach der glücklichen Beilegung des langen, sorgenvollen Streites reflektiert; die Rückkehr des Grafen v. Aumale dagegen erhöhte die Sicherheit Maries nicht, vielmehr begannen da nicht bloss neue Sorgen wegen seiner Intriguen, sondern auch finanzielle Schwierigkeiten[2]) die Gräfin zu bedrücken.

Andere Angaben unseres Romans bestätigen dies Resultat. Denn wiewohl Girbert einen historischen Roman aus der Vorzeit[3]) und keine zeitgenössische Geschichte

---

modement est du mois de juin 1225. . . . Marie avait inutilement tâché de faire comprendre Simon, son époux, dans son accommodement, Louis fut inexorable sur cet article. La grâce de ce proscrit était réservée au plus saint de nos rois. Marie l'obtint donc enfin du roi Saint-Louis . . . . au mois de mars 1230." Der Besitz der Grafschaft Ponthieu war hochwichtig; es lag die Gefahr nahe, dass die aus der Normandie und Boulogne geworfenen Engländer in Ponthieu wieder festen Fuss fassten, was thatsächlich 1279 geschah. Ponthieu blieb bis 1336 in den Händen der Engländer.

[1]) Besonders beachtenswerth ist v. 3206. Onques de mes II iex ne vi Ostel à baron si plentiu, Fors que la dame de Pontiu etc.

[2]) Die Gräfin wurde gezwungen eine Gerechtsame nach der anderen zu verkaufen, Histoire du comté de Ponthieu I, 162 f.

[3]) Dies ergiebt sich aus v. 66. Il ot en Franche I roi jadis und v. 6632. Et quant plus ensamble veskirent Et tant plus bonne amour maintinrent. Die alte Streitfrage, welcher Ludwig eigentlich gemeint sei, — die alte Prosabearbeitung hat sich für Ludwig den Dicken, P. Paris für Ludwig den Frommen, endlich Michel (N. p. v) mit grossem Scharfsinn für Ludwig VIII entschieden — ist also dahin zu entscheiden, dass ein Ludwig der grauen Vorzeit gemeint, aber der etwas indolente Ludwig VIII geschildert ist. Daher erscheint auch unter den Rittern, die zum Turniere ziehen, ein Graf von Ponthieu (v. 5922), obgleich der letzte männliche Träger dieses Namens schon 1221 gestorben war.

schreiben wollte, hat er sich doch wie andere Dichter vor
ihm und nach ihm durch die historischen Namen, welche
er seinen Personen beilegte, verleiten lassen, die zu seiner
Zeit lebenden Träger dieser Namen mit seinen Roman-
figuren zu identifizieren.[1]) So ist sein Werk voll von
Anachronismen aller Art. Unter anderen Rittern wird
z. B. 5950. „li danfins de Mont-Ferrant" genannt. Nun
führte nach der 1155 stattgefundenen Theilung der Auvergne
die eine Linie der Grafen v. Auvergne den Titel „Dauphin"
(nach Ducange s. v. „Delphinus" seit 1167). Robert
Dauphin I (1169—1234) hatte eine G... de Montferrand
geheirathet, die ihm als Mitgift die Grafschaft dieses
Namens einbrachte und 1199 starb. Guillaume Dauphin II
(1234—1240) verheirathete seine Tochter Katharina im
Jahre 1226 mit Guicharde de Beaujeu (der sich unter
Ludwig IX so auszeichnete!) und gab ihr die Grafschaft
Montferrand als Mitgift mit (L'Art X, 159 f.). Aus dem
Titel „dauphin de Montferrand"[1]) schliesse ich demnach,
dass die Auslieferung dieser Mitgift zur Zeit unseres
Romans noch nicht erfolgt oder wenigstens unserm Dichter
noch nicht bekannt war. Der Herr von Beaujeu da-
gegen erscheint bereits unter den Freunden des Dauphin
(v. 5942).

Besonders ausführlich schildert uns Girbert stets die-
jenigen Herren, welche die Namen der Verwandten seiner
hohen Gönnerin tragen. Denn er denkt — mit oder ohne
Absicht — bei diesen Namen nur an die zeitgenössischen
Inhaber derselben; hier hat er also bloss durch Auslassung .
des allein entscheidenden Vornamens seiner Erzählung den

---

[1]) Dies wurde noch dadurch erleichtert, dass der hohe Feudaladel
Frankreichs sich nach seinem Landbesitz nannte, oft mit völliger Vernach-
lässigung seines Familiennamens. Ueber die dadurch eingerissene Ver-
wirrung: Montaigne, Essays I, 46 (ed. Le Clerc, Garnier p. 420. 21.)

[1]) Dieser Titel oder Vorname scheint nur vorübergehend mit dem
Besitze Montferrands verknüpft gewesen zu sein, daher hat wohl ein
aufmerksamer Kopist „danfins" in „donziaus" umgeändert. Diese Variante
theilt Michel mit.

Charakter eines historischen Romans aus der Vorzeit zu wahren gesucht.

Einige Beispiele werden die Richtigkeit unserer Beobachtung beweisen.

Wir lesen v. 5917.

> Si vint uns quens de riches pris,
> De lignage gentils et haus,
> Larges et hardis et loiaus;
> Toute malvaistés li eslonge,
> Quens fu et sires de Boulongne.

Es unterliegt meiner Ansicht nach keinem Zweifel, dass mit dieser glänzenden Schilderung nur Philipp Hurepel, Sohn Philipp Augusts und der Agnes v. Meran, gemeint sein kann, welcher seit 1223 mit der Grafschaft Boulogne belehnt, 1234 vom Grafen von Kleve erschlagen wurde, weil er den Grafen von Holland meuchlings getödtet hatte.[1]) Er war der Vetter der Gräfin Marie de Ponthieu, seine Frau, Mahaut, die Nichte ihres Gatten. Thatsächlich war er, wie dies auch Girbert andeutet, einer der mächtigsten Barone des nördlichen Frankreichs, auf den die bei Bouvines geschlagene Partei, zu welcher ja Marie selbst gehörte, glaubte rechnen zu dürfen.[2])

Die Romanheldin Oriaut oder Euriaut, Gräfin von Nevers, wird eine Nichte der Königin von Ungarn genannt (v. 824). Ihr Gatte, Gerart, ist der Lehnsherr des Grafen v. Aalst.

> 5800 Vint li quens d'Alos et sa gent . . .
> 5806 Li quens, qui Gerart apartient.

Zur Zeit des Dichters waren die Courtenais im Besitz von Nevers, ihre enge Verbindung mit Flandern (Marquisat von Namur) und den ungarischen Königen (seit Andreas II.

---

1) L'Art XII, 364. 65. Philippe Mousket dagegen berichtet, er sei vergiftet worden (Chronique v. 28126 ff.); dies ist nach v. Reiffenberg die ältere Ueberlieferung; vgl. H. Martin, Histoire de France ⁴ IV, 134. 38.

2) Man vgl. z. B. Récits d'un ménestrel § 347 f.

1204—35) ist bekannt[1]). Im Jahre 1223 hatte Mahaut I.
Gräfin von Nevers, ihre Tochter mit dem Grafen v. Saint-
Pol vermählt[2]), welcher daher von unserm Dichter als
zur Sippe des Grafen von Nevers gehörig (v. 5928 f.)
aufgezählt wird. Die Grafen v. Saint-Pol waren ihrerseits
mit den Grafen von Ponthieu sehr nahe verwandt.
Girbert hat nämlich nicht ohne Geschick die Träger der
Marie von Ponthieu nahestehenden Namen zu Vertheidigern
der im Heldenpaar angegriffenen Unschuld gemacht. Des-
halb zieht auch ein Herr von Rouci für die Heldin zum
Turnier[3]); die dritte Tochter Maries war mit Johann II,
Grafen von Rouci, vermählt (L'Art XII, 289).

Dies mag genügen. Ich glaube, alle vom Dichter
gegebenen Winke, alle von ihm vorausgesetzten geschicht-
lichen Verhältnisse erlauben uns die Abfassung des
Veilchenromans um das Jahr 1230 anzusetzen; vielleicht
ist er noch vor 1230 — dies halte ich für das Wahrscheinlichste — jedenfalls nicht viel nach 1230 der Gräfin Marie
überreicht worden. Mit dieser Datirung aber haben wir
für unsere weitere Untersuchung einen festen, chrono-
logischen Ausgangspunkt gewonnen.

[1]) Gibbon, History of the decline and fall cpt. XLXI. etc.
[2]) L'Art XI, 227.
[3]) R. d. l. V. v. 5915.   Cil de Rousi, qui moult se painne
    D'avoir los d'armes et de pris.

II

Das Verhältnis des Veilchenromans zum Grafen von Poitiers.

Der Roman vom Grafen von Poitiers ist ein anonymes Gedicht, das unter anderen Personennamen uns dieselbe Erzählung wie der Veilchenroman bietet. Raynouard (im Journal des Savants 1831) erklärte sich nach Vergleichung beider Werke für die Priorität des Veilchenromans; der Roman vom Grafen von Poitiers ist nach seiner Ansicht nichts als eine grobe Verstümmlung des weit vollendeteren Veilchenromans. Dagegen vertrat Wolf in seiner bekannten Abhandlung (Jahrbuch für wissenschaftliche Kritik 1837) mit grossem Eifer die Priorität des Grafen von Poitiers, dem er eine „frischkräftige, alterthümlich - kernige Darstellung" nachrühmte (S. 914). Ich halte die letztere Ansicht für die allein richtige, trotzdem finde ich die Beweisführung Wolfs wenig überzeugend. Sieht er sich doch selbst zu einer Art von Herausforderung gezwungen (S. 915): „Wer bei so schlagenden Gegensätzen" — Gegensätze in der Auffassung und Gefühlswelt! — „noch zweifelt, welche von den beiden Darstellungen der ursprünglichen Auffassung der Sage näher komme, und daher in dieser Hinsicht die ältere sei, der hat wohl in seiner eigenen Ueberverfeinerung schon allen Sinn für das echte, altehrwürdige und doch ewig junge Epos verloren." Thatsächlich scheint auch Wolf wenig überzeugt zu haben, denn von der Hagen und zu-

letzt noch Landau[1]) sind der Ansicht Raynouards bei-
getreten. Nun haben beide, Raynouard wie Wolf, vor-
züglich die bisweilen wörtlich übereinstimmenden Stellen
der beiden Werke, welche allerdings eine Abhängigkeit
voraussetzen, erörtert und zum Ausgangspunkt ihrer verschiedenen Urtheile gewählt. Es liegt aber auf der Hand,
dass man bei einigem Scharfsinn das auf diesem Wege
gewonnene Resultat stets wieder wird angreifen können.
Daher verspreche ich mir mehr von einer Untersuchung
über die innere Motivierung der Erzählung, über das übereinstimmende Ineinandergreifen der Details. Man muss,
sage ich, die beiden französischen Dichtungen weniger
vom ästhetischen als vom rein sachlichen Standpunkt aus
beurtheilen. Damit thun wir ihrem Geiste kein Unrecht:
die zeitgenössischen Landsleute Abälards[2]) haben sich,
ebenso wie die des Descartes, ja hauptsächlich durch ihre
klare und gewandte Sprache, in der sie die überlieferten
Stoffe und die die damalige Welt bewegenden Gedanken
vortrugen, halb Europa tributpflichtig gemacht.[3]) Auch
sie besassen bereits die Fähigkeit angenehm und an-
schaulich die Dinge zu schildern, die Ereignisse zweckgemäss
zu verknüpfen und der ganzen Darstellung eine gefällige,
lebensvolle Gestalt zu geben, kurz gerade die Eigenschaften,
welche man noch heute besonders den französischen Pro-
saikern mit Recht nachrühmt.

Von den Differenzen der Erzählungen werde ich also
ausgehen. Wenn nämlich einer von den beiden Dichtern
den andern nachgeahmt hat, so ist es wahrscheinlich,
dass er bei einer eigenmächtigen Abänderung oder angeblichen Verbesserung seiner Vorlage sich durch einen
nunmehr zweckwidrigen und daher unnöthig gewordenen,

---

[1]) Landau: Die Quellen des Dekameron ² 1884 S. 138.
[2]) Man vergleiche die treffende Bemerkung bei Rémusat, Abélard
1845 II, 549 f.
[3]) Die günstigen Urtheile über die altfranzösische Sprache eines
Brunetto Latini, eines Marco Polo, ja eines Dante sind zu bekannt, um
einer Zitierung zu bedürfen.

aber trotzdem beibehaltenen Zug als Nacherzähler. ver-
errathen wird.

Die Hauptabweichung der beiden Erzählungen von
einander besteht in der Natur der beigebrachten Zeugnisse
für die angebliche Schuld der Frau.

Im Grafen v. Poitiers verschafft die Dienerin dem
abgefallenen Bewerber drei Unterpfänder:

> v. 292: L'anel de son doit li embla,
> Que ainc garde ne s'en dona,
> Dont espousée l'ot li Quens,[1])
> Qui moult estoit et biaus et gens.
> A pigne d'or a desmellé
> . · Ses cheveus, X en a emblé;[2])
> Plus luisent d'or fin en escu.
> Del bon samit qu'ele ot vestu
> Trencha I pau del gron devant.

Nachdem die Schwäche dieser Beweismittel bereits
von Boccaccio (Decameron II, 9) durch den Einwand des
Bernabo angedeutet und von Shakespeare (Cymbeline II, 4)
einer vernichtenden Kritik unterzogen ist, ist es unnöthig
auf dieselbe nochmals zurückzukommen. Abgesehen freilich
von ihrer Schwäche wird man die hohe Alterthümlichkeit
gerade dieser Zeugnisse anerkennen müssen. Die Indicien,
auf Grund deren Elektra in den Choephoren des Aeschylos
ihren Bruder erkennt, sind nicht viel besserer Art als die ·
hier genannten, auch sie fielen vor dem beissenden Spott
eines Euripides (ed. Weil, Elektra v. 517 f.). Ebenso

---

[1]) In den romanischen Ländern behielt man die römische Sitte des
Eheringes bei, aber die christlichen Frauen trugen ihn an der rechten,
die Heidinnen an der linken Hand (Martène, De antiquis Ecclesiae ritibus
II, 606 ff.). Die Deutschen übernahmen diesen Gebrauch (Weinhold,
Die deutsche Frau ² I, 343), doch trat bei ihnen frühzeitig das Ringe-
wechseln ein (A. Schultz, H. L. I, 486); während sich in Frankreich
der ältere Gebrauch, das Geben des Ringes von Seiten des Mannes, wie
noch heute in England erhielt (Martène l. c.).

[2]) Ueber die Bedeutung der Locke z. B. Grimm, Deutsche Sagen ₸
Nr. 404. Weinhold, Altnordisches Leben 1856. S. 251.

beruft sich Kriemhild auf analoge Zeugnisse, um die Schande ihrer Gegnerin zu beweisen.

Nahm man jedoch wie in unserem Falle diese Beweismittel einmal an, so war es unbedingt nöthig, die angeschuldigte Frau zu einer Konfrontation zu rufen. Nur so konnte man sich davon überzeugen, dass die drei Gegenstände wirklich ihr angehörten. Diese Konfrontation musste möglichst eilig betrieben werden, damit auch die Identität des Kleidzipfels festgestellt werden konnte. Im Grafen von Poitiers geschieht dies in der That; die angeklagte Frau wird sofort zur Untersuchung entboten (v. 368 f.). Die Haare und besonders die „entaille"[1]) geben für die Zuschauer den Ausschlag (v. 397 f.), wärend der Ring natürlich nur von dem Gatten rekognosziert werden konnte.

Girbert hat nun dies Beweismittel ganz anders gestaltet: bei ihm ist es ein Muttermal, das der Verräther mit eigenen Augen gesehen hat, und auf welches er sich beruft, um die Schuld der Frau und seinen angeblichen Sieg zu beweisen. Wozu war hier noch das Herbeirufen der Angeklagten nöthig, fragen wir! Musste nicht der Gatte von der Schuld der Frau überzeugt sein, sobald der Verräther nur den Mund aufthat![2]) Aber gesetzt: der Mann hätte

---

[1]) Uebrigens hat der alte Erzähler ausdrücklich bemerkt, dass der Zipfel von dem „neuen" Kleide der Dame abgeschnitten wurde (v. 95), in dem sie auch bei der Konfrontation erscheint (v. 407). So unwahrscheinlich wie das ὕφασμα bei Aeschylos ist die Sache also nicht dargestellt, das allerdings den Einwand des Euripides verdiente (l. c. v. 543): Πῶς ἄν, τότ᾽ ὦν παῖς, ταῦτα νῦν ἔχοι φάρη, Εἰ μὴ ξυναύξοινϑ᾽ οἱ πέπλοι τῷ σώματι; In älterer Zeit, wo die Gewänder nicht so häufig wie heute gewechselt wurden, konnte die Kleidung und ihr Träger als zusammengehörig aufgefasst werden, daher die vielen symbolischen Bedeutungen einzelner Gewandstücke (Mantel, Handschuh etc.). Jemanden an den Rock greifen, oder „ein Stück von seinem Geren schneiden" hatte rechtliche Bedeutung: J. Grimm, D. Rechtsalterthümer³ S. 159. vgl. die Saul-Davidgeschichte!

[2]) Das Muttermal befindet sich nämlich an einer so intimen Körperstelle, dass seine Kenntnis geschlechtlichen Verkehr vorausgesetzt (R. d. l. V. v. 597 f.). Um dies Mal vor ihrer Zofe zu verbergen, schlief

leugnen wollen. Weshalb musste dann die Zitierung der
Frau so besonders eilig betrieben werden, da doch die
Entscheidung hier nicht, wie im Grafen von Poitiers, auf
einem leicht zu vertauschenden Kleiderrock, sondern auf
einem unveränderlichen Körperabzeichen beruhte! Der
hastige Aufbruch des Boten, welcher Hals über Kopf nach
Nevers (dem Aufenthaltsort der Angeklagten) stürzt; sein
Drängen und Treiben, die Angeklagte unverzüglich und
so schnell wie möglich zur Stelle zu schaffen, haben also
bei dieser Darstellung keinen Sinn. Unwahrscheinlich
ist endlich auch die Vorladung begründet; sie soll
nämlich von dem Verräther selbst gewünscht sein (R.
d. l. V. v. 739), der wohl alle Ursache hatte, eine
Konfrontation mit seinem Opfer eher zu meiden als zu
provozieren.

Meiner Ansicht nach liegt es hier klar zu Tage, dass
Girbert diese Konfrontation nur deshalb eingefügt, oder
besser beibehalten hat, weil er — was ja psychologisch
leicht erklärbar ist — trotz seiner Abänderung unter der
Einwirkung seiner Vorlage, d. h. des Grafen von Poitiers
stand. Zugleich mit dieser Scene übernahm er den Boten,
„le messagier Jofroi" (R. d. l. V. v. 783), dessen Vorname
selbst mit dem des Boten im Grafen von Poitiers übereinstimmt (C. d. P. v. 375 f.)[1]). Auch dies ist kein zufälliges Zusammentreffen. Der Verfasser des Grafen von
Poitiers hat die gesellschaftlichen Verhältnisse seiner
Personen nur äusserst flüchtig angedeutet, diesen Boten
nennt er daher kurz einen Neffen seines Helden. Anders
Girbert: er hat, wie oben gezeigt, seinen Personen fast
durchweg historische Namen beigelegt, nur diesen Boten

---

die Heldin, wie die Dame dou Fael Hist. Litt. XXIII, 557, stets im
Hemde (R. d. l. V. v. 578); dies war sonst nicht gebräuchlich, vgl. Le
Boucher d'Abbeville, Barb. u. M. IV. Le Chevalier à l'espée bei Méon, N. R.
I etc. Im XIV. Jahrh. wurde dies anders: Boccaccio, Filostrato III, 31
f. ed. Moutier p. 90.

[1]) Dasselbe gilt von dem Vornamen des Helden des Veilchenromans;
auch der Graf von Poitiers heisst Gerart (C. d. P. v. 36).

lässt auch er einfach als einen Neffen des Helden (R. d. l. V. v. 747) auftreten.

Noch auf einen Punkt will ich aufmerksam machen: Im Grafen von Poitiers, dessen Dichter sicher zu den fahrenden Sängern gehörte, welche sich an die unteren Klassen der Gesellschaft richteten, bildet das Zähneeinschlagen ein äusserst gewöhnliches Intermezzo. Mit einer derartig handgreiflichen Drohung weist die Heldin den etwas zudringlichen Verräther ab (C. d. P. v. 164 f.). Ihr Gatte führt die Drohung aus, als der Verräther seinen erlogenen Triumpf erzählt (v. 352 f.). Ein zweiter Bewerber sucht die Heldin durch einen kräftigen Faustschlag ihm günstig zu stimmen (v. 991 f.)[1]; glücklicherweise ist der rechtmässige Gatte zur Stelle, um diesem ungestümen Hochzeiter sofort zwei Zähne einzuschlagen (v. 1000). Wenn nun diese realistische Schilderung mit dem Geist des etwas derb gehaltenen Romans völlig in Einklang steht, um so überraschender wirkt es, dass auch der höfisch vollendete Girbert zu demselben Mittel seine Zuflucht genommen hat. Auch seine Heldin vertheidigt sich einmal in der Weise, welche die Gräfin von Poitiers nur angedroht hatte (R. d. l. V. v. 3984 f.)[2], und beweist dadurch,

---

[1] Dies erinnert an das Verhalten Wilhelms des Eroberers, als die Gräfin von Flandern seine Hand ausschlug, weil er ein Bastard sei (Ph. Mousket v. 16934 f.), ritt Wilhelm nach Lille und ohne viele Redensarten Si l'a jus à ses piés giétiée, Et as esporons deboutée, Et de puins et de piés batue (ib. v. 16958 f.). Diese Behandlung hatte den erwünschten Erfolg, die Gräfin erklärt nunmehr: Quar jou sai bien que moult valoit Li dus, ke çaiens me vient batre ib. 17329 f.). Ueber eine Ohrfeige, die Hugo IV, Graf v. Saint-Pol, bei einem Hoffeste austheilte: L'Art XII, 359. Im Récits d'un ménestrel § 268 etwas in ihrer Wirkung übertrieben.

[2] Diese Situation (v. 3980 ff. ein Gewaltakt wie Ariost, O. F. XIII, 28) hat Wolf nicht berücksichtigt, der (l. c. S. 908) im Veilchenroman „die freche That" vermisste. Gautier de Coinci, dem man Prüderie nicht nachsagen wird, zeigt uns in seiner Kaiserin von Rom, dass sich eine Frau auch aus solcher Lage durch die Macht ihrer Rede befreien konnte. Méon, N. R. II v. 1280 ff.

2*

dass sie in Wahrheit nur eine Metamorphose der viel energischeren Dame ist.

Ergiebt sich aus diesen Momenten eine thatsächliche Abhängigkeit Girberts von dem Verfasser des Grafen von Poitiers, so müssen wir uns nunmehr fragen, wann dies anonyme Gedicht wohl entstanden sein kann?

Zur Beantwortung dieser Frage habe ich freilich in dem Romane selbst keinen sicheren Anhalt entdecken können[1]), trotzdem hoffe ich über sein Alter eine mehr oder weniger annehmbare Vermuthung vorschlagen zu dürfen. Aus der hässlichen Rolle, zu der in ihm ein Herzog von der Normandie verurtheilt wird, möchte ich nämlich schliessen, dass der Graf von Poitiers eine Art von litterarischer Repressalie ist gegen die übermächtige Stellung des grossen, genauer des grössten Lehns-mannes der Krone Frankreichs. Wenigstens lässt es sich denken, dass ein königstreuer[2]), oder den Normannen

---

[1]) Auch der zweite Theil (von v. 1229 f.), den Wolf (l. c.) als einen späteren Zusatz betrachtet, bietet nichts zur Datierung geeignetes. Derselbe enthält eine Brautwahl, die vielleicht der Esthergeschichte nachgeahmt ist. Doch mögen solche Werbungen, bei denen sich die Braut zu entkleiden hatte, vorgekommen sein: A. Schultz l. c. I, 483 Anm. 1. Froissart zitiert von Meiners, Historische Vergleichung I, 229 Anm. s. Bayle, Dict. philos. Artikel Sforza Remarque F. (ed. Beuchot XIII, 266 f.) etc.

[2]) Obgleich Pipin wenig hervortritt, wird seiner überall mit Hoch-achtung gedacht: z. B. v. 211. p. 17. 20. 48. Darin unterscheidet sich also unser Gedicht von manchen Chansons de geste, besonders aber von den normannischen Gedichten, die ihrerseits das franz. Königthum recht geringschätzig darstellen, wie der Roman de Rou (II, 414. 1086. 1588 etc.) am besten lehrt (vgl. G. Paris, Littérature f. § 108). Die Macht der damaligen „Journalisten" ist nicht zu unterschätzen; sie wurden von einem Fürsten unter Umständen gut bezahlt „ut de illo canerent in plateis" (L. Gautier, E. F. S. 364 Anm. 3), oder sie ver-langten Bezahlung für ihr gereimtes Lob (Gautier S. 380). Im Veilchen-roman fehlt jede politische Anspielung, weil zur Zeit Girberts der Graf von Forez (der Verräther) zugleich Graf von Nevers (der Held) war (L'Art X, 494), und weil der Dichter für die übrigen unangenehmen Rollen unhistorischen Namen wählte, z. B. R. d. l. V. 3959 Apielés fu Meliatir, N'ot si félon de si à Tyr.

feindlicher Dichter sich erlaubt hat gerade einen Herzog
von der Normandie als Verräther zu brandmarken; einen .
Herzog, gegen welchen noch Ludwig VII. nur ohnmächtige Klagen erheben konnte (H. Martin, Histoire de France
III, 499). Erwägen wir ferner, dass die Normandie im
Grafen von Poitiers noch nicht als Krongut gilt, während
sie dies im Veilchenroman offenbar schon ist, dann scheint
uns der weitere Schluss berechtigt, dass die Abfassung des
Grafen von Poitiers noch vor der Eroberung der Normandie
durch Philipp August (1204) anzusetzen ist.

Die äussere Haltung des Gedichtes stimmt mit dieser
ohngefähren Schätzung überein. Es beginnt mit den
stereotypen Worten einer Chanson de geste [1]):

Oiés por Dieu le fil Marie,

Chançon de moult grant segnorie.

Neben den Helden der nationalen Epen werden nur
noch Helena, Alexander und Constantin (p. 9. 28. 45 etc.)
erwähnt; eine Anspielung auf die Ritter der Tafelrunde
findet sich noch nicht. Gerade der letzte Punkt scheint
mir besonders bedeutsam, da bekanntlich [2]) die späteren
Bearbeiter der mehr volksthümlichen Stoffe scheele Blicke
auf die modischen Gesellen des Königs Artus zu werfen
pflegten. Unser Dichter wird demnach zu einer Zeit
geschrieben haben, als die sogenannten keltischen Romane
noch nicht allgemein bekannt und verbreitet waren,
also etwa vor den epochemachenden Werken Chrestiens.

Nur ein flüchtiger Blick in den Veilchenroman zeigt
uns sofort die veränderte Zeit. Hier schimmern gleichsam durch alle Fugen der Erzählung die romantischen
Gestalten jener Artusromane durch. Aus den derben
Recken des Grafen von Poitiers sind galante Höflinge
geworden; aus der kurzen, knappen Sage ein Abenteuer-

---

[1]) L. Gautier l. c. S. 339. Enfances Godefroi: Signor, oiez cançon
qui moult fait à loer. — Ogier: Seignour, oyés chançon dont li ver sont
Plaisant. Vgl. Octavian (ed. Vollmöller) — wie der Graf v. Poitiers den
Ton der Chansons d. G. nachahmend —: Seigneor preudom, or escoutes.
[2] L. Gautier l. c. S. 338 f.

roman. Wie die übrigen Umarbeiter der älteren Epen
versichert uns auch Girbert, dass er uns etwas Besseres
als einen Roman von der Tafelrunde zu geben beabsichtige:

v. 32. Quar jou dirai, et bien lor poist,
Tant com jou puis et il me loist,
Un conte bel et delitable.
N'est pas de la Reonde Table,
Dou roi Artu, ne de ses gens.[1])

Trotz dieser Versicherung passt jedoch auch auf ihn
die Bemerkung Gautiers (S. 339): „Les épopées qui sont
le plus imprégnées de l'esprit nouveau sont celles préci-
sément où les auteurs protestent avec le plus d'énergie
contre cet esprit." In der That Girberts Werk gehört
in die grosse Klasse der Umarbeitungen alter Epen oder
Erzählungen aus dem XII. Jahrhundert nach dem Geschmacke des XIII. Jahrh. Auch er hat nichts weiter
gethan, als das Gewand der vorgefundenen Fabel zu
modernisieren und ihr selbst etwas grössere Wahrschein-
keit zu geben.

Dass nun Girbert ein viel geschickterer Erzähler
als der unbekannte Verfasser des Grafen von Poitiers
gewesen ist, dies ist Raynouard unbedingt zuzugeben.
Mit flotten Pinselstrichen und grosser Anschaulichkeit hat
er uns Personen und Bühne, Schlachten und Turniere,
Sänger- und Ritterleben, ja selbst die Krankenstube geschildert. Aber in Bezug auf den ursprünglichen Charakter der Sage ist die Darstellung des Grafen von
Poitiers, wie schon Wolf richtig herausgefühlt hat, sicher-
lich vorzuziehen.

Doch liegt die Sache keineswegs so, das uns der
Graf von Poitiers die Sage ohne jede Zuthat von Seiten
seines Verfassers übermittelt. Vielmehr erkennen wir durch .

---

[1]) Aehnlich v. 6589 f. Birch-Hirschfeld hat diesen Protest irrthümlich für eine Bestätigung der Theilnahme Girberts an der Fortsetzung der Gralsage genommen.

eine Vergleichung der übrigen, weiter unten zu besprechenden Redaktionen, dass er die Rolle der Frau verändert hat. Sei es dass ihm dieselbe, wie er sie vorfand[1]), unwahrscheinlich erschien, oder sei es dass er die Erzählung abkürzen wollte, kurz er liess den Verrath durch den Gatten sofort entdecken. Ein glücklicher Griff, insofern nun Einheit und zielbewusstes Handeln in die alte Erzählung kam; allein die Frau, die ursprünglich die Hauptrolle spielte, wurde dadurch etwas zurückgedrängt.

Von allen Bearbeitern hat Girbert allein diese Entdeckung mit ihrer für die Frauenrolle nothwendigen Konsequenz aufgenommen. Ja, er hat jede Beihülfe der Frau zur Aufklärung des Verraths durch die Art des von ihm benutzten Beweismittels unmöglich gemacht. Es ist hier nicht der Ort zu untersuchen, ob Girbert der eigentliche Erfinder des Muttermals ist[2]); das aber steht fest, dass diesem Zeugnis gegenüber die angeklagte Frau nur ohnmächtige Klagen ausstossen konnte; entkräften konnte sie dasselbe nie[3]).

Damit nicht zufrieden, hat Girbert die rechtmässige und auf ihre Frauenehre (C. d. P. v. 188 f.) stolze Gattin der alten Erzählung zu der Geliebten des Romanhelden degradirt.[4]) Es ist leicht ersichtlich, wie der

---

[1]) Selbstverständlich betrachte ich den Grafen von Poitiers nicht als eine Originalerzählung, sondern werde in der Folge seine vermuthliche Vorlage kurz zu skizzieren suchen.

[2]) M. A. n. hat er nur den Vergleich des Leberflecks mit einer Blume (Veilchen) „erfunden".

[3]) R. d. l. V. v. 968 f. und besonders v. 5670. Dagegen ist die Gräfin von Poitiers zur Feuerprobe bereit und versucht noch später ihre Vertheidigung. C. d. P. v. 425 f. 538 f.

[4]) Die Aussage des Dichters über die erst nachträglich vollzogene Verbindung ist ganz formell: R. d. l. V. v. 6573. Birch-Hirschfeld hat dies übersehen (l. c. S. 118). Der moderne Bearbeiter unseres Romans (in der Bibliothèque universelle des Romans, Paris 1780) hat Girbert deswegen angegriffen (l. c. p. 5 Comment le romancier a-t-il osé porter la démence jusqu'à choisir la soeur ou la cousine d'une Reine de France pour en faire la mie de son héros?). Er selbst freilich weiss nichts besseres zu thun als dafür eine schlüpfrige Liebelei à la Longus einzusetzen.

Dichter zu dieser Veränderung gekommen ist. Die Artusromane einerseits hatten zum Theil die Verherrlichung
gerade solcher Liebesbündnisse übernommen; andererseits
war ja thatsächlich die Ehe in der hohen Gesellschaft,
für die der Veilchenroman geschrieben ist, durch die
Aufhebung des sogenannten salischen Rechts in Verruf
gekommen [1]). Der Widerstand einer Ehefrau wird daher
unserm Dichter als zu wenig wahrscheinlich erschienen
sein [2]); auf jeden Fall war seinen Lesern ein solches Verhältnis interessanter. Die „freie Liebe" hatte eben in
Frankreich schon längst ihre Vertheidiger gefunden! Abälard und Heloise [3]), Guillem de Cabestaing und Margarida [4]),
Raoul de Couci und die Dame Fayel [5]), die Herrin von
Vergi und ihr Ritter [6]), endlich Thibaut und Isabelle von

---

[1]) Ueber diese Rechtsverschiebung: P. Gide herausgegeben von
Esmein, Paris 1885, Étude sur la condition privée de la femme. S. 343.
344. 350. 53 besonders 361 f. Fauriel, Histoire de la Poésie provençale I, 497.
für Nordfrankreich H. Martin l. c. III, 16. Eine Erbtochter war den Gesetzen nach vom 12—60 Jahr zur Ehe verpflichtet: Laboulaye, Recherches sur la condition c. et p. de la femme S. 257—58. Eine
tabellarische Uebersicht über die Erbfolge in den grossen Lehen Frankreichs findet sich bei Laboulaye S. 468 f. Beispiele über den skan-
dalösen Handel der mit Erbtöchtern getrieben wurde in L'Art d. v.
l. d. auf Schritt und Tritt (z. B. XI, 221. XIII, 332 etc.).

[2]) Der Frauendienst, der damals auch Deutschland bedrohte (Weinhold l. c. I, 256), galt besonders der verheiratheten Frau. Interessant
ist die Frage des Chevalier de la Tour (ed. Montaiglon) S. 260; oder
für die spätere Zeit Montaigne l. c. III, 5 (314 f.).

[3]) Abälard (ed. Cousin. I, 15. Addebat denique ipsa . . . quam
sibi carium existeret, mihique honestius amicam dici quam uxorem etc.
(Bekanntlich von Jean de Meun nachgeahmt). cf. Boccaccio, Il Filostrato II, 73. 74. ed. Moutier p. 55. Bei der Auffassung eines solchen
Bundes wird romanisches und deutsches Urtheil stets verschieden aus-
fallen: vergl. Deutsch, P. Abälard S. 35 über Rémusat.

[4]) Hist. Litt. XIV, 210. Diez, Leben und Werke der Troubadours
(II. Aufl.) S. 67 f.

[5]) Hist. Litt. XV, 579.

[6]) Barb. u. M. III, 296 f. Die Dame war verheirathet (v. 714).
Die Geschichte soll einen historischen Hintergrund haben: Hist. Litt.
XXIII, 558. Bojardo, O. J. I, 12 hat selbst aus Thisbe eine Ehefrau gemacht.

Castilien [1]) sind nach Tristan und Isolde die bekanntesten
Beispiele eines solchen Bundes. Allein durch diese einschneidende Veränderung verlor
die Heldin des Veilchenromans das moralische Interesse. Von
ihr hören wir nicht mehr die Sprache der Pflicht und der
beleidigten Ehre, wie von der Gräfin von Poitiers (C. d.
P. v. 185 f.)[2]), sondern nur noch die Sprache der durch
den Bewerber „gelangweilten" Geliebten (R. d. l. V. v.
466 f.).[3]) Girbert muss selbst gefühlt haben, dass er
seiner Heldin den Widerstand gegen die Versuchung zu
leicht gemacht hatte, daher suchte er durch neue Prüfungen
im Geschmacke seiner Zeit das Interesse für sie wach zu
halten. Die über seine Heldin hereinbrechenden Abenteuer verrathen aber keineswegs eine grosse Erfindungs-
gabe; [4]) ganz abgesehen davon, dass die Irrfahrten der
Heldin[5]) für die eigentliche Erzählung ganz werthlos
sind. Das gleiche ist auch von den Erlebnissen des Helden
zu sagen. Anstatt nach der Entdeckung des Verraths,
der ihm und seiner Geliebten gespielt wurde, die Ver-

---

[1]) Barb. u. M. II, 224 Maintes paroles an dit an Come d'Iseut et de
Tristan. Dieser Frauendienst ist für die romanisch-katholischen Länder
charakterisch geblieben, obgleich sich im Lauf der Zeit die Ursachen desselben mögen verändert haben (J. Burckhardt, Die Cultur der Re-
naissance (III. Aufl.) II, 210 f. etc.).

[2]) Man vrgl. Blanciflor im Macaire (ed. Guessard) v. 85 f.

[3]) Wolf l. c. S. 909 hat diesen Unterschied wohl gefühlt, ohne
jedoch den Grund dafür anzugeben.

[4]) Zunächst hat er das zweite Abenteuer der Gräfin v. Poitiers weiter
ausgesponnen (R. d. l. V. v. 1187—3857). Dann. von v. 3980 folgt ein
Abenteuer, das an die Kaiserin v. Rom Gautiers de Coinci (l. c. v. 1040
ff.) erinnert, oder an die spanische Erzählung vom Kaiser Otto v. Rom,
Historia critica de la literatura española v. A. de Los Rios V, 391 f.,
besonders cpt. XLIV. Diese Erzählung geht nach Mussafia (Sitzungs-
bericht d. W. A. 1867. 53, 500) auf ein franz. Original zurück.

[5]) Natürlich wird die Heldin trotz ihrer angeblich zweideutigen
Vergangenheit (R. d. l. V. 1187 f.) in der besten Gesellschaft auf das
freundlichste aufgenommen. Ein stereotyper Zug der damaligen Romane,
worüber sich bereits Drouin im Roman de Trubert v. 2288 f. (Méon
N. R. I) lustig gemacht hat.

stossene, wie der Graf von Poitiers, aufzusuchen, verliert er plötzlich die Spur derselben (R. d. l. V. v. 1501 ff.) und stürzt sich in alle möglichen Abenteuer, die nicht zur Sache gehören. Fast hat er seine Geliebte bereits vergessen, [1]) da findet er sie endlich nach zweijährigem Herumirren (R. d. l. V. v. 5156 f.) durch einen glücklichen Zufall wieder. Alle diese von Girbert eingeschobenen Episoden sind streng genommen selbständige Erzählungen, die nur durch willkürliche Personalunion mit den Helden und ihren Schicksalen zusammenhängen (vgl. Wolf S. 908). Gerade sie verrathen uns jedoch den mächtigen Einfluss der Artusromane, sowie das nicht unbedeutende Erzählungstalent des Dichters. Ganz besonders offenbart sich die Ueberlegenheit Girberts, so oft und so lange er mit dem Verfasser des Grafen von Poitiers in Konkurrenz tritt; sucht er dagegen den überlieferten Rahmen zu durchbrechen, um seine eigenen Wege zu wandeln, dann hört jene Ueberlegenheit auf und seine Darstellungskraft erlahmt. In Ansehung der eigentlichen Sage ist es auf alle Fälle ein Glück gewesen, das Girberts Darstellung und Auffassung derselben so gut wie verschollen geblieben ist. [2])

[1]) Ein von einem Vogel geraubter Ring erinnert ihn endlich an seine Geliebte (3910 f. und 4200 f.). Ein ähnlicher Zug findet sich im L'Escoufle — cf. die witzig sein sollende Inhaltsangabe dieses noch ungedruckten Romans in Histoire littéraire XXII, 807 f. — R. Köhler bringt dazu eine deutsche Parallele: „Dies ist der busant", Germania XVII, 62—64.

[2]) Wie die gleichzeitigen Artusromane enthält der Veilchenroman eine Fülle archäologisch interessanter Schilderungen, die bei der Seltenheit der Ausgabe Michels von A. Schultz leider nicht benützt sind· Quicherat, Histoire du costume, hat, soweit ich sehe, nur die Beschreibung eines Mantels (p. 186) aufgenommen; die Beschreibung des „cainse" (R. d. l. V. v. 1585 f.) muss er übersehen haben, denn er hält cainse irrthümlich für ein Hemde. So ist z. B. die für die Geschichte der gottesgerichtlichen Ceremonien wichtige Stelle: R. d. l. V. 6276 Gérars l'ot, maintenant s'aploie; Le pan de son ermine ploie, Es mains le roi l'a pouroffert — noch nicht genügend beachtet und ausgenutzt (Pfeffer zitiert sie in Zeitschrift für romanische Philologie IX, 29). Die Stelle wird jedenfalls durch analoge Ceremonien bei der Adoption (Ducange Dissertation XXII) zu erklären sein.

Die von uns nachgewiesene Abhängigkeit des Veilchenromans vom Grafen von Poitiers ist übrigens für die ver-
gleichende Litteraturgeschichte insofern von Wichtigkeit,
weil wir nunmehr der Hypothese, unsere Sage stamme
aus dem Orient, erfolgreich entgegentreten können. In
Anschluss an Raynouard betrachtete von der Hagen den
Veilchenroman als die älteste Darstellung der Sage; er
vermeinte daher in dem mit einem Veilchen verglichenen
Muttermal „eine Verwandlung der indischen Wunderblume"
(Gesammtabenteuer III p. XCIX) wiederfinden zu dürfen.
Das wäre sicher die wunderbarste Metamorphose; eine ge-
heimnisvolle Zauberblume soll sich in einen vulgären
Leberfleck verwandelt haben! Diese Vermuthung entbehrt
jedes Grundes, da, wie ich gezeigt habe, die älteste, uns
bekannte abendländische Darstellung unserer Sage, der
Graf von Poitiers, das Muttermal und mit ihm den
Blumenvergleich nicht kennt.[1] Ueberhaupt entbehrt unsere
Sage jener mehr oder weniger witzigen Einkleidung, welche
für die orientalischen Sagenstoffe so charakteristisch ist.
Die meiner Ansicht nach hochalterthümlichen und daher
wohl ursprünglichen Zeugnisse, welche im Grafen von
Poitiers die Schuld der Frau beweisen sollen, sind viel
zu naiv, als dass sie von den kaustischen Semiten so ganz
unverändert durchgelassen und weiter gegeben wären.[2]

---

[1] Diesen Vergleich hat von den späteren Darstellern nur noch
Shakespeare.

[2] Ich denke hierbei hauptsächlich an die Erzählungen der Gesta
Romanorum, oder an die Disciplina clericalis des Petrus Alfonsus ed.
Schmidt, Berlin 1827 (der lateinische Ausgabe ist fast
durchweg besser); Erzählungen welche höchst wahrscheinlich auf
hebräische Mittelglieder zurückgehen, was Gayangos (Bibliotheca de
Autores Españoles Band 51) verkannt hat. Die von Gayangos zu-
sammengestellten „Arabismen" (l. c. S. 443 ff.) beweisen nur, dass er
des Hebräischen unkundig ist. Diese hebräischen Mittelglieder sind zum
Theil veröffentlicht von Dérenbourg, Deux versions hébraïques de
Kalîlâh et Dimnâh 1881. Man vergleiche ferner die bekannte Abhandlung Comparettis. dessen Ausführungen von Baethgen, Sindban 1879, als
völlig erschöpfend erklärt werden; ausserdem Max Müller über die

Ferner hat R. Köhler auf Grund der Wette um die Treue
der Frau unsere Sage mit der Erzählung Adams v. Cobsam:
The Wrigth's chaste Wife, in Verbindung bringen wollen
(Jahrbuch für r. u. e. Literatur Leipzig 1867, S. 63).
Doch scheint mir Köhler durch diese von ihm natürlich
nur äusserst vorsichtig vorgetragene Zusammenstellung
den Kern unserer Sage zu verkennen. In der englischen
Erzählung, deren orientalischen Ursprung ich nicht be-
streite, handelt es sich doch nur um eine witzige Prellerei,[1]
hier in unserer Geschichte um eine wirkliche Versuchung
der Frau. Muss denn jede Erzählung einer Wette gleich
aus dem Orient stammen? Wetten wurden im Mittelalter
oft genug abgeschlossen; so erzählt, um nur ein Beispiel
zu nennen, der Chevalier de la Tour Landry (S. 41),
man habe auf den Gehorsam einer Frau gewettet. In
einer noch roheren Gesellschaft wird es also wirklich vorgekommen sein, dass man selbst auf die Treue einer Frau gewettet hat. In unserer Erzählung ist die Wette doch nur eine
Einkleidung der den Bestand der christlichen Ehe gefährden-
den Frage: kann eine verheirathete Frau treu sein?[2]

Wanderung der Fabeln (in der franz. Uebersetzung seiner Essays p. 417
ff.), G. Paris, Les contes orientaux (Separatabdruck der Revue politique
et littéraire) und endlich die Nachträge Benfeys zu seiner berühmten
„Einleitung" in der Einleitung zu Bickels syrischer Ausgabe von Kalilag
und Damnag 1876.

[1] Das moralische Niveau dieser Erzählung ist dasselbe wie in den
„Mönchen von Kolmar" v. d. Hagen l. c. Nr. LXII.

[2] Daher ist auch eine Parallele mit Lukretia (Simrock: Quellen
des Shakespeare [2] I, 280) nur in bedingter Weise zulässig. Die Bedenken
eines christlichen Lesers gegen Lukretia hat Augustin (De civitate Dei
I, 19, ed. Dombart p. 33) kurz so formuliert: „Si adultera, cur laudata;
si pudica, cur occisa?" Ganz ungehörig dagegen ist die z. B. von Grässe
(Lehrbuch der a. Literärgeschichte II, 3. S. 277) vorgeschlagene Vergleichung mit Giletta v. Narbonne (Boccaccio D. III, 9; ins Magische übertragen von Straparola, cf. Sansovino, Cento Novelle III, 8 Venedig 1603
p. 130 ff.). Dies ist allerdings eine gut orientalische Geschichte, deren
Quelle wir jedoch nicht nothwendig mit Landau, Quellen des Dekameron
S. 146, nur in Indien zu suchen haben, da sie sich bereits in der
Genesis Cpt. 38 findet (über den entscheidenden Ring vgl. Dillmann,
Erklärung der Genesis [4] S. 380).

Diese Treue galt fast allgemein als problematisch; bei der geringen Achtung, welche man in der damaligen Gesellschaft vor der moralischen Kraft und Selbstbestimmung des Weibes hatte, mochte dem einen oder dem andern Ehemann eine Wette als das einfachste Mittel zur Beruhigung seiner Zweifel, zur Stillung seiner Neugierde erscheinen; so konnte er in der That erfahren, ob er im Besitz eines „echten Diamanten" sei.[1]) Ich halte es daher nicht · für unmöglich, dass sich unsere Sage auf˙ dem Boden der mittelalterlichen Gesellschaft spontan entwickelt hat,[2]) vielleicht unter dem Einfluss der Geschichte von der schönen Susanna[3]) und anderer aus der hellenistischen bezw. byzantinischen Litteratur stammenden Erzählungen von unschuldig verfolgten Frauen.[4]) Die ungelenke und äusserst primitive Urform

---

[1]) Dieser Vergleich findet sich bei Cervantes (Don Quijote ed, Hartzenbusch 2, 116). In seiner besten Novelle (Hartzenbusch), El curioso impertinente, schildert er uns die oben angedeutete Erwägung mit grosser Anschaulichkeit. Ein Lied des Veilchenromans v. 1314 f. scheint mir dem gleichen Gedankenkreise zu entstammen.

[2]) Ihre Entstehung ist natürlich nur nach den Kreuzzügen denkbar, welche ja für die Entwickelung des mittelalterlichen Individualismus dieselbe Bedeutung hatten wie die Eroberungen Alexanders für die griechische Welt (Rohde, Der griechische Roman S. 15 ff.; Wackernagel-Martin, Deutsche Litteratur I. 125 etc.). In den Chansons de geste ist, wie in den altdeutschen Epen, die Frauenfrage noch nicht angeregt: L. Gautier l. c. S. 336; Th. Krabbes, Die Frau im altfranz. Karlsepos, Marburg 1884 (wenig zu gebrauchen). Selbst von der Karolingischen Hofdichtung gilt das gleiche: Ebert, Litteratur des Mittelalters II, 52. · 59. 80 etc.

[3]) Durch die sehr alte Commendatio animae (cf. Le Blant, Etude sur les sarcophages chrétiens 1878 p. XXVII) wurde man fortwährend an Susanna erinnert. Daher finden sich auch direkte Beziehungen auf ihre Geschichte z. B. Gautier de Coinci, Kaiserin v. Rom v. 1037 flg.; Miracles de Nostre Dame ed. G. Paris et U. Robert Nr. XXVII, 1463 .; XII, 1071. Wie hier, so schon in der patristischen Novellistik z. B. Ambrosius, De virginibus II, 4 (Eine Christin ist nach dem Muster griechischer Romane — cf. Rohde S. 387 — in ein öffentliches Haus gerathen).

[4]) Dahin rechne ich besonders die Verkleidungen, welche die Re-

der Sage, die ich aus ihren verschiedenen Redaktionen
herausschälen werde, darf, glaube ich, als Bestätigung
meiner Annahme gelten.

Dazu kommt, dass auch unsere Sage gleich der Erzählung von Bertha mit den grossen Füssen (über ihren
„autochthonen" Ursprung V. Schmidt, Rolands Abenteuer
III, 25) einen relativ volksthümlichen Charakter trägt.
Ereignisse der eigenen Gegenwart mögen solche Sagen
erzeugt haben, aber erst durch Verbindnng mit dem über-
natürlichen Element gewannen sie für die Menschen des
Mittelalters einen gewissen Reiz. Es ist eine Art von
niederer Volksepik, die in ihnen noch eine Nachblüthe trieb,
als die Quelle der Heldensage längst versiegt war, Dichtern
zu unerschöpflichen Kombinationen überlassen. Sie sind
leicht zu unterscheiden von den Produkten der reinen
Kunstepik, den Artusromanen: hier herrscht die ungezügelte
Lust am Fabulieren und nur selten verlässt das über-
legene Lächeln die Lippen des Dichters (vgl. die Schluss-
verse des Chevalier au Lyon); dort tritt uns das ernste
Streben entgegen, nicht bloss eine wahre, sondern wenn
möglich eine wirkliche Geschichte zu erzählen. Dieser
Unterschied wird selbst durch das beiden Arten gemein-
same Grundthema, die Liebe, nicht aufgehoben, denn in
den Artusromanen feiert die weltliche, die freie Liebe ihre
leichten Triumpfe, in unserer Sage und in den ihr verwandten Stoffen ist es zumeist die verkannte Liebe eines
treuen Eheweibs, welche die ihr auferlegten, schweren
Prüfungen siegreich überwindet.

---

daktoren unserer Sage, wie der unbekannte Verfasser von Beuvon
d'Hanstone (Josiane) Hist. litt. XVIII, 749. Junker, Grundriss der
franz. Litteratur S. 61, vermuthlich den hellenistischen Erzählungen entlehnt haben.

III

Ueber die Abfassungszeit der übrigen romanischen Redaktionen, ihr Verhältnis zu einander und zu den Romanen.[1]

A. Le Roman du roi Floro.[2]

Der Zeit nach gehört der König Florus, aus dem uns allein die Schicksale Robins und seiner Frau interessieren, wahrscheinlich dem zweiten Drittel des XIII. Jahrhunderts an. Michel (Notice p. VI) hat diese Prosaerzählung sogar in den Anfang des XIII. Jahrhunderts verlegen wollen. Dies scheint mir etwas zu hoch gegriffen zu sein. Hier wird nämlich bereits Aigues-Mortes als Hafen der Kreuzfahrer genannt (ed. Michel S. 43), während im Veilchenroman noch der ältere Hafen, Saint Gilles (v. 304), das Ziel eines Kreuzfahrers ist.[3] Daraus schliesse

[1] Der Kürze wegen bezeichne im weiteren Verlauf den Grafen von Poitiers und den Veilchenroman als „die Romane".

[2] Rochs, der sich begnügt Michels Inhaltsangabe dieser Novelle zu übersetzen, behauptet (l. c. S. 10), dies Werk sei „noch nicht herausgegeben." Bereits R. Köhler hat ihn in der oben zitierten Kritik darüber zu belehren gesucht, dass der Roman du roi Flore schon dreimal gedruckt ist. Ich zitiere nach der Ausgabe Michels, Paris 1838.

[3] Elisée Reclus, La France S. 247. „Les changements de cours du petit Rhône ont eu . . . . une importance historique. Saint Gilles, où maintenant n'accèdent que les barques des canaux, fut un port de mer fréquenté dès l'époque phocéenne; au douzième siècle, avant la création du port d'Aigues-Mortes ce fut le havre du midi provençal où s'embarquaient en plus grand nombre les pèlerins de la Palestine" (cf. S. 293). Der Hafen von Aigues-Mortes war übrigens nicht lange in Gebrauch (Becherelle Aîné, Grand Dictionnaire de Géographie 1855; weniger ausführlich Vivien de Saint-Martin, Dictionnaire).

ich, dass der König Florus zeitlich nach dem Veilchenroman anzusetzen ist.

Der König Florus enthält eine Vorgeschichte des
Heldenpaars; von einer Vorgeschichte finden sich im
Grafen von Poitiers nur Fragmente, im Veilchenromane
so gut wie keine Spuren. Da nun die hier gebotene
Vorgeschichte ein vortreffliches Licht auf die Intrigue
des Grafen von Poitiers wirft, so ist es klar, dass der
Verfasser des König Florus nach einer Erzählung gear-
beitet haben muss, auf welche der etwa hundert Jahre ältere
Graf von Portiers seinerseits zurückgeht.[1]) Auf alle
Fälle haben wir im König Florus ein selbständiges
Glied in der Reihe der Redaktionen unserer Sage
vor uns.

In dieser Novelle entdeckt der Verräther bei einem
Ueberfall im Bade das Muttermal (une noire take S. 25).
Die ganze Scene, sowie die Einführung des Muttermals
erinnert in keiner Beziehung an den Veilchenroman.
Dem unbekannten Dichter gebührt unter allen Bearbeitern
unserer Sage das Lob, dass er trotz des Muttermals die
gegenseitige Achtung der beiden Gatten vor einander zu
wahren gewusst hat. Der Gatte wird erst durch den
Verräther über das Vorhandensein dieses Mals unter-
richtet.

Eine äusserst geschickte Veränderung der muthmasslichen Vorlage tritt uns auch hier entgegen. In
den Romanen beabsichtigt der Gatte in eigener Person
die Todesstrafe an der schuldigen Frau zu vollziehen;
nur durch die Dazwischenkunft eines Ungeheuers (Löwe
oder Schlange) wird er daran verhindert. Diese Episode
war unglaublich unwahrscheinlich, trotzdem wird sie aus
der uns unbekannten Originalerzählung stammen, denn
fast alle späteren Bearbeiter haben sich mit ihr abge-
quält. Durch eine einfache Wendung entfernte der Ver-

---

[1]) Zwischenglieder, deren Existenz ich zugebe, lasse ich vorläufig
bei Seite.

fasser des Königs Florus diese ganze Episode. Als der Gatte von der angeblichen Schuld seiner Frau sich überzeugt hat, reitet er ohne ein Wort zu verlieren von Hause fort.[1]) Die Frau, welche den Grund seiner plötzlichen Abreise erfahren hat (S. 28 vergl. mit S. 59), folgt ihm als Knappe verkleidet und führt schliesslich die Entlarvung des Verräthers herbei, was ihr besonders dadurch gelingt, dass der von seinem Gewissen und seinem Kaplan geängstigte Verräther seine Schuld reumüthig eingesteht (S.42).

Diese Darstellung beeinträchtigt den praktisch-pädagogischen Gehalt der Sage in keiner Weise; im Gegentheil, trotzdem die Frau Mannskleider anlegt, bleibt sie echt weiblich. So verkleidet wird sie die treue Gefährtin des bethörten Gatten und erwirbt sich durch Hülfsleistungen aller Art die Achtung und Liebe desselben. Ihre Rolle erinnert an die der „Gräfin v. Roussillon."

B. Zwei italienische Novellen.

Wir betrachten hier die bereits von Grässe bezeichnete, aber selbst noch von Landau (l. c. S. 141) kurz ab-

---

[1]) Das war ein äusserst glücklicher Griff, denn schon die in der Vorlage vorausgesetzte Jurisdiktion des Gatten über die Frau (cf. Weinhold, Altnordisches Leben 1856 S. 250) war bereits längst antiquiert; ganz zu schweigen von dem Löwen des Grafen von Poitiers, oder der Schlange des Veilchenromans. Im XIII. Jahrh. hatte der Mann nur noch das Recht seine Frau zu schlagen „il loist bien à l'homme battre sa feme, sans mort et sans mehaing, quant ele le meffet." Dazu vgl. Bartsch, Romanzen und Pastourellen I, 9. 23. 26. 45. 57. 60. 67. 68. etc. (cf. P. Viollet, Précis de l'histoire du droit français 1886 S. 418 f.) Der Graf von Poitiers versucht sein Vorhaben zu rechtfertigen (C. d. P. v. 507 f.). Im allgemeinen begnügte man sich wohl mit einer entehrenden Ausstellung der gefallenen Frau (Tacitus, Germania XIX.); auf eine solche Ausstellung wird offenbar im Veilchenroman v. 601 f. angespielt. In der novellistischen Bearbeitung der Schicksale der Gräfin von Ponthieu (bei Méon, N. R. I. wieder herausgegeben in Nouvelles françoises) ist es der Vater der geschändeten Frau, der sie bestraft. Dieser Geschichte liegt möglicher Weise etwas Thatsächliches zu Grunde. cf. L'Art XII, 328 f.

3

gethane Novelle eines anonymen Italieners[1]) und die
Novelle Boccaccios, Dec. II, 9. Letztere ist nun gewiss
keine Originalerzählung; jedoch ist sie nicht wie Michel,
Landau u. a. annehmen nach unseren Romanen gearbeitet,
sondern allein nach der erst genannten anonymen Novelle.
Letzteres hat bereits ihr erster Herausgeber Lami richtig
erkannt; es sei mir gestattet, sein Urtheil etwas ein-
gehender zu begründen.

In beiden Erzählungen ist der Schauplatz derselbe:
Paris, Genua und der Orient; in beiden sind die Haupt-
personen italienische Bürger; in beiden wird der Beweis
des angeblichen Ehebruchs durch den gleichen Betrug
geführt; in beiden verkleidet sich die verrathene Frau als
Mann; kurz beide Erzählungen sind bis in die kleinsten
Details hinein fast identisch. Ein gegenseitiges Abhängigkeitsverhältnis ist also von vornherein zuzugeben; und
zwar ein solches Abhängigkeitsverhältnis, dass nur der
eine der beiden Erzähler nach einer dritten Redaktion
bezw. nach der Originalvorlage gearbeitet haben kann.
Dies Dilemma hat Landau ganz richtig angegeben (S. 142).

Auch hier werden wir wie bei der Untersuchung des
Veilchenromans und des Grafen von Poitiers nicht von
den beinahe wörtlich übereinstimmenden Stellen, sondern
von den sachlichen Differenzen der Erzählungen ausgehen.
Jene können, wie gesagt, über die Priorität niemals entscheiden. Man könnte z. B. die Kofferscene bei Boccaccio
sehr wohl als eine Verkürzung oder gar Verstümmlung
der viel anschaulicheren Darstellung des unbekannten Er-
zählers hinstellen; aber man würde vielleicht mit dem
gleichen Rechte behaupten können, dass Boccaccio, als
Erfinder, diese Scene nur flüchtig angedeutet, während
der Anonymus, schon um seine Vorlage zu übertreffen,

---

[1]) Dank der ausführlichen Angabe bei Zambrini: Le opere vol-
gari⁴ Bologna 1878 habe ich sie auffinden können. Ich zitiere sie nach
dem Abdrucke im Appendice all' illustrazione istorica del Boccaccio
scritta da D. M. Manni, Milano 1820 (enthaltend 5 Briefe von Lami).
Den Text Boccaccios gebe ich nach der Ausgabe Moutier, Firenze 1827 f.

dieselbe mit grösserer Sorgfalt ausgemalt hätte. Für beide
Vorgänge liessen sich ja Analoga aus der Litteraturgeschichte beibringen! Die einzige, wirklich sachliche Abweichung findet sich
in der Scene, welche auf die betrügerisch gewonnene
Wette folgt. Der Anonymus lässt nämlich den hinter-
gangenen Ehemann sofort nach Hause (Genua) aufbrechen.
Dort angelangt schickt er seine Frau schleunigst auf ein
vor den Thoren Genuas gelegenes Landgut; er selbst folgt
ihr auf dem Fusse und übergiebt sie nach Vorhaltung
ihres Verrathes einem Diener, der sie im Meere ertränken
soll (S. 45—46). Bei Boccaccio dagegen reist zwar
der Gatte auch sofort nach der Heimath ab, kehrt jedoch
ungefähr 20 Meilen vor Genua auf seinem Landgute ein
und schickt von dort aus einen Diener an seine Frau mit
dem Auftrage ab, sie aus der Stadt zu führen und an
irgend einem schicklichen Orte zu tödten (B. S. 246).[1])

Es braucht kaum gesagt zu werden, dass Boccaccios
Darstellung nicht blos psychologisch ansprechender ist
als die des Anonymus, — der betrogene Gatte musste
ein Wiedersehen mit der einst geliebten Frau als zu
schmerzlich zu vermeiden suchen —; sie ist auch ein-
facher, da wir auf kürzerem Wege zu demselben Resultat
gelangen: Auslieferung der schuldig geglaubten Frau an
den Diener. Allein der kürzere Weg ist nicht immer
der ursprüngliche. So auch hier. Wir wissen nämlich

---

[1]) Dieser Diener, der die Angeklagte tödten soll, sie aber schliesslich ungefährdet entlässt, ist augenscheinlich den bekannteren Sagen,
Bertha, Kaiserin v. Rom, Manekine etc., entlehnt. Er bildet bekanntlich
ein stehendes Requisit in den Geschichten von der verfolgten Frau. Da
die besondere Form unserer Erzählung n. m. A. eine Art von Kunst-
produkt ist, insofern schon ihrem ersten Verfasser bewusst oder unbe-
wusst die genannten Stoffe vorschwebten, so kann eine solche Ent-
lehnung, oder ein solcher Uebergang der einen Erzählung in die
andere nicht auffallen. Auch den späteren Redaktoren unserer Sage
waren ja jene Stoffe äusserst geläufig; änderten sie also etwas an
der überlieferten Erzählung, so fielen sie nothwendig in das allbekannte
Geleise zurück.

aus den Romanen, dass in der älteren Sagengestalt gerade die Konfrontation der Frau mit dem Verräther und ihre unmittelbare Auslieferung an den Gatten zwei integrierende Bestandtheile ausmachten. Ein Bearbeiter, der wie der namenlose Italiener das Muttermal aufnahm, konnte wohl konsequenterweise die Konfrontation mit dem Verräther als nunmehr unnöthig auslassen, aber trotzdem die persönliche Auseinandersetzung der beiden Gatten beibehalten, weil ja die Frau die Beweiskraft des Muttermales niemals abzuschwächen vermochte. Aus Boccaccio war, wie gezeigt, dieser Akt der Auseinandersetzung, das Rudiment einer älteren Gestalt, nicht zu entlehnen, wohl aber konnte Boccaccio ihn seinerseits sehr leicht überspringen. Demnach schliesse ich, dass nur der unbekannte Verfasser nach einer Quelle gearbeitet hat, die möglicherweise beide Punkte noch enthielt: Die Konfrontation und den Versuch des Gatten seine Frau für ihren Treubruch eigenhändig zu bestrafen.[1])

Boccaccios Arbeit ist also im eigentlichen Sinne keine selbständige, aber er hat unstreitig das Verdienst, zuerst mit klaren Worten und mit vollem Bewusstsein die ethische Bedeutung des hier behandelten Problems auseinandergesetzt zu haben. In dieser Beziehung ist der Wortwechsel zwischen Bernabo Lomellin und Ambrogiuolo, welcher der Wette vorausgeht, ein wahres Meisterstück. Der ältere Italiener hat nichts dem Ähnliches aufzuweisen. Aber in der rein sachlichen Darstellung ist die Ueberlegenheit nicht immer auf Seiten Boccaccios! Gerade die von dem letzteren vorgenommene Verkürzung oder schein-

---

[1]) Andere kleine Züge bestätigen dies Resultat; z. B. findet in der anonymen Novelle die Wette statt in einer Gesellschaft, welche sich in Folge eines Festes zu Paris zusammengefunden hat (in den Romanen ein Hoffest). Bei Boccaccio dagegen, der offenbar die ältere mehr aristokratische Gestalt der Sage gar nicht kannte, also auch die ursprüngliche Bedeutung dieses Festes nicht wissen konnte, begegnen sich die wettenden Kaufleute auf ihrer Geschäftsreise zufällig (qual per una bisogna e qual per un 'altre) in einem Pariser Wirthshause.

bare Verbesserung seiner Vorlage ist für die Einheit der Erzählung verderblich geworden.

Durch jene Auseinandersetzung mit dem Gatten erfährt bei dem Anonymus die Frau wenigstens, weswegen sie mit dem Tode bedroht wird. Sie weiss daher sofort, als sie später auf dem Markte die ihr entwendeten Gegenstände bemerkt,[1]) dass der Besitzer derselben zugleich der Vernichter ihres ehelichen Glückes ist. Zudem ist derselbe auch gar nicht blöde; er erzählt ruhig dem ihm unbekannten Manne — auch hier hat die Frau Mannskleider angelegt — den ganzen Hergang; sagt doch ein jeder, der diese Geschichte hört, „che l'era delle belle novelle del mondo" (S. 48 l. Z.). Bei Boccaccio dagegen wird der Frau gar nicht gesagt, weswegen sie getödtet werden soll. Denn selbstverständlich hatte der Herr keine Ursache seinem Diener Rechenschaft über den Befehl abzulegen: Madonna, disse il famigliare, me non avete offeso d'alcuna cosa: ma di che voi offeso abbiate il vostro marito io nol so.... (B. S. 245). Die Frau läuft also in die weite Welt hinaus ohne jeden Zweck und bestimmtes Ziel, es sei denn, dass sie aus der gefährlichen Nähe ihres Gatten möglichst schnell zu gelangen sucht. Als sie später ihre Sachen auf dem Markt ausgestellt findet, würde sie den Verrath nicht entdeckt haben, — sie wusste ja nicht, dass und auf welche Weise ihr diese Sachen entwendet waren — wenn nicht Ambrogiuolo mit seinem galanten Abenteuer geprahlt hätte. Boccaccio hat also in der That durch das Ueberspringen jener Auseinandersetzung die vorgefundene Einheit der Handlung zerrissen; eine Einheit, welche selbst Girbert seinen Abenteuern zum Trotz zu bewahren gewusst hatte.

Auch in Bezug auf die innere Wahrscheinlichkeit lässt die Novelle Boccaccios manchmal zu wünschen übrig.

---

[1]) Trotz der Aufnahme des Muttermals wirkte die ältere Darstellung (Graf von Poitiers) noch fort, so dass der Verräther nunmehr im Besitz von Zeugnissen doppelter Art war: der Kenntnis des Males und der geraubten Kleinodien.

Die verrathene, als Mann verkleidete Frau besichtigt den
Markt von Akko; als sie den Standplatz der Venezianer
mustert, bemerkt sie „tra altre gioie una borsa et una
cintura" (S. 248.). Auf ihre Erkundigung, wer der Besitzer dieser Gegenstände sei, meldet sich Ambrogiuolo,
der ihr lachend sagt: „Messere, le cose son mie, e non le
vendo etc." (S. 248). Wozu sind die Sachen ausgelegt,
wenn sie nicht verkauft werden sollen, fragen wir uns!
Ferner welch ungewöhnlicher Scharfblick, dass die Frau
auf der sicher reichen und reichhaltigen Ausstellung der
venezianischen Kaufleute sofort ihre Sachen wieder erkennt!
Ein Blick in die Novelle des Anonymus löst uns das
Räthsel: der Verräther hatte nämlich die einst geraubten
Sachen bei seinem Stande als — Aushängeschild (S. 48, 16)
angebracht.

Dies mag genügen; Boccaccio hat also thatsächlich
seinen anonymen Vorläufer nicht in allen Punkten geschlagen. Hat nun der letztere unsere Romane oder etwa
König Florus gekannt?

Der Zeit nach könnte diese italienische Novelle[1]
sehr wohl von den französischen Darstellungen abhängig sein.
Wenigstens glaube ich aus dem Namen des Beherrschers
des Sarazenenlandes: il Grande Cane (S. 47, 19), schliessen
zu dürfen, dass diese Novelle frühstens in der zweiten Hälfte
des XIII. Jahrhunderts entstanden sein kann. Denn dies
turanische Wort in Verbindung mit dem charakteristischen
Adjektiv scheint nicht vor den Mongolen-Einfällen des
XIII. Jahrhunderts Bürgerrecht im Occident erhalten zu
haben (cf. Ducange s. v. Caganus).

Sachlich dagegen lässt sich eine Bekanntschaft oder
gar Benutzung der Romane von Seiten des Anonymus
nicht nachweisen. Kennt er doch nicht das Eigenthümliche der Romane! ich meine die sofortige Entdeckung
desVerraths durch den getäuschten Gatten und die infolge-

---

[1] Boccaccios Novelle lassen wir als völlig unselbständige Arbeit
bei Seite; sie wurde später von Sansovino abgeschrieben l. c. III, 3 p. 106ff.

dessen prädominierende Rolle des Mannes. Bei ihm ist vielmehr das Weib die Hauptträgerin der Handlung; sie allein entlarvt den Verräther; sie allein überzeugt den Gatten von ihrer Schuldlosigkeit. Der letztere tritt sogar nach Bestrafung der Frau völlig von der Bühne ab, und mit Recht! Er hält ja seine Frau für aus der Welt geschafft. Nur ein Punkt könnte allenfalls für eine Bekanntschaft des Italieners mit dem Grafen von Poitiers sprechen; auch er lässt die Erzählung — ohne jede Vorgeschichte — sogleich mit der Wette und zwar in Paris beginnen. Indessen kann dies ein zufälliges Zusammentreffen beider Dichter sein;[1]) die Vorgeschichte musste der Anonymus schon deshalb fortlassen, weil er die ursprünglichen Edelmänner der Sage in italienische Bürger verwandelt hatte, damit aber hatte die Vorgeschichte ihre Bedeutung eingebüsst.

Die Einführung und Beschreibung des Muttermals schliesslich beim Anonymus (u. Boccaccio) hat nichts, was an den Veilchenroman erinnern könnte, wohl aber an den König Florus.[2]) Mit dem König Florus stimmt überhaupt der ganze Aufbau der italienischen Novelle überein. Trotzdem glaube ich nicht, dass der Italiener den König Florus gekannt hat. Denn ganz abgesehen davon, dass die Badescene in König Florus weit packender und origineller als der ziemlich abgenutzte Koffer des Italieners ist; im König Florus findet sich keine Spur mehr von der persönlichen Auseinandersetzung der beiden Gatten und der beabsichtigten Todesstrafe. Da gerade diese Stücke, wie gezeigt, der älteren Tradition angehörten, so vermuthe ich, dass die Vorlage des Italieners älter und

---

[1]) In der mir nicht zugänglichen Redaktion: „Cantare di Madonna Elena Imperatrice,“ die viel Alterthümliches enthält, ist Paris ebenfalls der Ort. wo die Wette stattfindet (cf. Liebrecht, Literaturblatt für germanische und romanische Philologie 1881. S. 110 f.).

[2]) Vom Verräther heisst es „vide che sotto la poppa ritta ella aveva un neo" (S. 43, 16). Boccaccio l. c. S. 244: tua mogliere ha sotto la sinistra poppa un neo ben grandicello etc.

mithin ursprünglicher als die Darstellung des Königs Florus gewesen ist. Es ist m. A. n. nicht blos möglich, sondern sogar höchst wahrscheinlich, dass der Verfasser des König Florus und der Italiener nach ein und derselben Vorlage gearbeitet haben, welche beide mit verschiedenem Geschick — der Ueberlegenere ist der Franzose — in eine zeitgenössische Geschichte zu verwandeln sich bemüht haben.

C. Das Mirakel.

Die letzte mir bekannte romanische Bearbeitung unserer Sage, die hier betrachtet werden muss, ist das Miracle de Oton, Roy d'Espaigne (in der von G. Paris und U. Robert herausgegebenen Sammlung Nr. 28).

Die Abfassungszeit der 40 Miracles de Nostre Dame scheint mir von Magnin (Journal des Savants 1847) im ganzen zutreffend bestimmt zu sein; er verlegt sie nämlich in die Jahre 1345—80 (S. 50). Vielleicht darf man in Anbetracht der furchtbaren Wirren während der ersten Regierungsjahre der Valois die von Magnin vorgeschlagene Abfassungszeit noch etwas mehr zusammenziehen. Wenigstens will es mir scheinen, dass in den Jahren 1345—64 die Lust zum friedlichen Theaterspiel in Frankreich nicht gross gewesen sein kann.[1]) Am allerwenigsten werden Pariser Bürger während dieser schweren Zeit Musse zu einer so harmlosen Unterhaltung gefunden haben. In

---

[1]) Die franz. Heere waren bei Crécy und Poitiers geschlagen; die irregulären Banden der Engländer und Navarresen unter Robert Knoll und Genossen verwüsteten das Land; in Paris brach ein Aufstand aus; die aufständigen Bauern stürzten sich „comme chiens esragiés" (Froissart ed. Kervyn de Lettenhove VI, 45) auf den Adel; endlich hatte 1347 der schwarze Tod, 1361 die Pest Frankreich durchzogen. Damals hiess es „que li royaummes de Franche seroit essiliés et gastés par touttes ses parties et régions", denn Propheten wie Jehan de Rochetaillade fanden Gehör (Froissart l. c. S. 262).

Paris aber sind, was Schnell [1]) ziemlich wahrscheinlich gemacht hat, diese Stücke abgefasst. Dagegen fallen alle Bedenken fort, wenn wir die Abfassung dieser Bühnenwerke unter Karl V. (1364—80) verlegen. Irgend ein sachlicher Grund zu einer früheren Datierung ist auch, soweit ich sehe, nicht vorgebracht worden. Im Gegentheil, die Erwähnung des Louvre (Magnin S. 49, Schnell II, 15) einerseits als Staatsgefängnis, andererseits als Wohnung des Königs deutet darauf hin, dass die Mirakel zu einer Zeit geschrieben wurden, in welcher der Louvre bereits königliche Residenz geworden war — also unter Karl V. —, und in welcher man noch die frühere Bedeutung des Louvre-Thurmes in Erinnerung hatte.[2]) Ueber das Jahr 1380 wird man nicht hinauszugehen brauchen, denn die von Schnell (I, 44 f.) angeführten Züge lassen sich als Erinnerungen an den Bauernaufstand und die Unruhen in Paris unter Johann d. G. auffassen. Für diese Deutung spricht sogar die auch von Schnell zugegebene loyale Haltung jener Stücke; „loyal" aber waren die Bürger von Paris — schon im Mittelalter — nur unter einer energischen und relativ glücklichen Regierung.

Was mich aber besonders bestimmt mit der Abfassung der Mirakel nicht über die ersten achtziger Jahre des XIV. Jahrhundert hinauszugehen, ist, dass ich weder

---

[1]) Schnell, Ueber den Abfassungsort der Miracles de Nostre Dame, Marburg. A. u. A. Nr. LII, im weitern Verlauf von mir als Schnell II zitiert, dagegen als Schnell I seine Untersuchung über den Verfasser der Miracles A. u. A. Nr. XXXIII. Le Roy (Études sur les Mystères 1837 S. 46) hatte ohne stichhaltigen Grund angenommen, die Mirakel stammten aus verschiedenen Gegenden.

[2]) Was Schnell II, 17 vorbringt, um mehrere Verfasser aus der verschiedenen Bedeutung des Louvre zu konstruieren, scheint mir mit den Thatsachen nicht vereinbar. Der Louvre war nicht bloss Festung, sondern ein befestigtes königliches Schloss; das Staatsgefängniss befand sich (wie im Mirakel angegeben) in dem von Philipp August erbauten „Neuen Thurm" cf. Géraud, Paris sous Philippe-le-Bel 1837. S. 367 u. p. VI.

in den von mir gelesenen Prosa-Predigten noch in den eigentlich dramatischen Theilen eine bestimmte Erwähnung der unbefleckten Empfängnis Marias gefunden habe.[1]) Nun scheint mir aber aus anderen Gründen die Betheiligung der Franziskaner, bezw. der kirchlich-liberalen Partei, an der Abfassung dieser Bühnenwerke nicht ganz ausgeschlossen zu sein. Wenn demnach ihr Lieblingsdogma hier nicht erwähnt wird, so, glaube ich, liegt das daran, dass diese Stücke noch vor 1387 abgefasst wurden, denn erst in diesem Jahre erklärte die Universität von Paris die unbefleckte Empfängnis Marias für eine „sententia probabilis".[2])

Voigts Vergleichung einiger Mirakel mit ihren epischen Vorlagen hat gezeigt, dass ihr Verfasser den Verlauf

---

[1]) Auch Schnell I erwähnt davon nichts; jedoch kann ihm dieser wichtige Punkt entschlüpft sein, weil er ohne jede Vorbereitung seine Arbeit unternommen und ausgeführt hat. So kennt er z. B. nicht einmal W. Grimms Einleitung zu der „goldenen Schmiede". In der naiven Voraussetzung, im Mittelalter habe jeder Dichter seine besondere Dogmatik gehabt, konstruiert er 27 Nüancirungen des Mariendogmas, und schliesst daraus, dass mindestens 27 Verfasser an den Mirakeln gearbeitet hätten, „von denen vielleicht einige der zuletzt besprochenen zusammenfallen" (S. 73). Hätte er jene Abhandlung von Grimm gelesen, oder gar die Summa des grossen Thomas (IIIa Q. XXV f.) nachgeschlagen, so würde er vielleicht erkannt haben, dass das Fundament seiner Untersuchung ein falsches ist, und dass somit alle seine 27 Autoren „zusammenfallen". Dagegen hat bereits Magnin (S. 44) und nach ihm L. Voigt in seiner trefflichen Abhandlung: Die Mirakel der pariser Handschrift 819. Grimma 1883. S. 2. die nach m. A. richtige Vermuthung ausgesprochen, dass die Mirakel von einem, oder höchstens von einigen wenigen Verfassern herrühren. Aehnlich Petit de Julleville, Les Mystères I, 121, der übrigens trotz seines Skeptizismus in Bezug auf die nähere Bestimmung der Abfassungszeit und des Abfassungsorts (p. 124 — 125) ein Detail anführt, das uns in die Zeit vor 1397 versetzt (p. 167).

[2]) Gieseler, Lehrbuch der Kirchengeschichte II § 78. Anm. 19. Das Mariendogma wurde besonders von der liberalen Reformpartei begünstigt cf. den Beschluss des Baseler Conzils Gieseler l. c. II § 145. Anm. q. (S. 337).

des älteren Epos im ganzen getreu, wenngleich „sprung-weis" (S. 46) wiedergiebt. Mit diesem günstigen Vor-urtheil dürfen wir also auch an unser Mirakel Nr. 28 herantreten. Freilich fehlt uns vorläufig noch die direkte Vorlage dieses Mirakels — denn dass unsere Romane vom Verfasser nicht benutzt sein können, hat Voigt (S. 47) bereits richtig erkannt —, indessen bieten uns die übrigen Redaktionen unserer Sage soviel Material, dass wir über den Werth, ja selbst über das Alter der vermuthlichen Vorlage dieses Stückes schon jetzt urtheilen dürfen.

Das Mirakel bringt zunächst eine Vorgeschichte des Heldenpaars, die im wesentlichen mit der des König Florus übereinstimmt, aber allem Anschein nach viel alterthüm-licher ist.

Der Held des Mirakels, Otto, ist der Neffe und treuste Lehnsmann des Kaisers Lothar (v. 1 f.)[1]; durch die Gunst seines Onkels und Herren hat er die Hand der Erbin von Spanien erhalten. Sein Nebenbuhler Berengar ist dem Kaiser als ein wenig zuverlässiger Lehnsmann verhasst (v. 636 f.). Aber auch der Königin von Spanien, der nunmehrigen Gemahlin Ottos, ist er bereits von einer schlechten Seite her bekannt[2] (v. 746 f.).

Wie in Macaire und den verwandten Sagen hatte also in der Vorlage des Mirakels die eheliche Treue der Frau noch eine politische Tragweite: Berengar, ein dem natio-nalen Königthum feindlich gesinnter Mann, wird durch

---

[1] Der Graf von Poitiers spielt unter Pipin, doch scheint mir aus der schwankenden Bezeichnung Pipins, der bald „König" (z. B. v. 38), bald „Kaiser" (z. B. v. 1076) genannt wird, hervorzugehen, dass in der Vorlage des Grafen v. Poitiers vielleicht nur von einem „Kaiser" schlecht-weg die Rede war. Im Cantare di Madonna Elena l. c. S. 110 ist es Kaiser Karl d. G.

[2] Der Grund dieser Abneigung ist im Mirakel offenbar nur aus-gelassen, dies hat Schnell I, 31 übersehen. Im Grafen von Poitiers hatte sich der Verräther bei der Dame bereits einen Korb geholt (C. d. P. v. 414 f.); ähnlich im Cantare di M. Elena.

seinen angeblichen Sieg König von Spanien.[1]) Diese Verbindung des ehelichen Konfliktes mit dem sozial[2])-politischen
Element ist unserer Sage, die sich vielleicht nur durch
eine Art von kasuistischer Reflexion aus dem grösseren und
einfacheren Sagenkreis abgezweigt hat, wahrscheinlich von
Hause aus eigenthümlich gewesen. Auch der Graf v.
Poitiers enthält, wie wir gesehen haben (S. 20), noch Reste
dieser ursprünglich politisch gefärbten Intrigue. Dagegen
hat der Verfasser des König Florus, obgleich er eine mit
dem Mirakel fast zusammenfallende Vorgeschichte bewahrte,
den politischen Hintergrund bereits vollständig verwischt:
bei ihm sind die hohen Feudalherren der älteren Redaktionen in einfache Ritter umgewandelt.

Beim Scheiden von seiner Frau vertraut ihr Otto ein
Liebespfand an, einen jedenfalls kostbar eingefassten
Knochen seines Fusses (Miracle v. 576)[3]). Als er nachher
die Wette eingeht, stellt er die Bedingung, Berengar solle
den Sieg über seine Frau durch Beibringung dieses Pfandes,
aber auch durch Angabe des Muttermals beweisen (v. 685
f.). Beides sucht Berengar von der bestochenen Dienerin
zu erhalten (v. 801 f.). Die Kenntnis des Muttermals
erlaubt ihm, sich der letzten Gunst der Dame rühmen zu
dürfen (v. 940 f.). Ist es nun nicht merkwürdig, dass
wir an keiner Stelle des Mirakels erfahren, welcherlei Art

---

[1]) Der Kaiser Lothar des Mirakels soll wohl der Sohn Ludwigs
des Frommen sein, ist aber mit Lothar von Frankreich (954—986) ver-
wechselt, daher ist ihm der Kaiser Otto und dessen Feind Berengar bei-
gesellt. Auch der Name des Königs v. Spanien, Alfons, verräth eine
vage historische Kenntnis.

[2]) Die soziale Bedeutung einer rechtmässigen Ehe wird von Adenet
betont (Bertha); die aus der Verbindung mit der Magd hervorgegangenen
Kinder sind naturgemäss Bedrücker der armen Leute (v. 3464 f.).

[3]) Cf. v. 623 f. 801. 890. 904. In einer Zeit, wo man Heiligen-
knochen in Säbelgriffen etc. trug, war dies Geschenk nicht weiter auffällig. Im Grafen von Poitiers spielt der Ehering die gleiche Rolle.
Auch im Veilchenroman hatte die Heldin einen Ring erhalten, der
jedoch, weil sie unverheirathet war, nicht grosse Bedeutung hatte (R. d.
l. V. v. 3910).

das Muttermal eigentlich war?[1]) Etwaige Prüderie liegt
gar nicht in der Art dieser flott gearbeiteten und kräftig-
derben Volksstücke. In ihnen werden die natürlichsten
Dinge auf die natürlichste Weise vorgetragen.[2]) Wenn
hier also eine nähere Angabe über das Muttermal fehlt,
so schliesse ich, dass dies schon in der Vorlage der Fall
war. Daraus würde sich dann weiter folgern lassen, dass
diese Vorlage vielleicht wie der Graf v. Poitiers noch
den Hauptnachdruck auf Herbeischaffung des Unterpfandes
legte, aber bereits ein freilich noch unbestimmt und unklar
gelassenes Muttermal aufgenommen hatte[3]). Erst die
späteren Bearbeiter der Legende haben dann die durch-
schlagende Beweiskraft dieses Males erkannt, so besonders
Girbert und der Verfasser vom König Florus. Ich muss
es nämlich als eine Möglichkeit offen lassen, ob diese
beiden Dichter nicht schon die Vorlage unseres Mirakels
gekannt haben.[4])

Eine solche Bekanntschaft wäre nicht unmöglich, da
die Vorlage des Mirakels sehr alt, ja selbst älter als der
Veilchenroman gewesen zu sein scheint. Die Stellung der

---

[1]) Die Verse 910 [La damoiselle] Après, pour vous brief depeschier
Ou son saing siet dire vous vueil Voire en l'oreille et a conseil. Je vous
di voir. [ci li conseille] hat Michel (Notice p. XXIII) falsch verstanden,
er verlegt nämlich das Mal „in das Ohr‟. Dort wäre es allen Augen
sichtbar gewesen, die Zofe hätte also nicht nöthig gehabt, ihre Herrin
durch einen Schlaftrunk zu betäuben (v. 824 f.), um das Zeichen zu
erspähen.

[2]) So werden z. B. im Miracle Nr. V die schmutzigen Details
des Protevangeliums Jacobi auf die Bühne gebracht (v. 189 f.). In
Nr. XXXII wird Osanne scheinbar auf der Bühne entbunden (v. 40 f.) etc.

[3]) Im Cantare di M. Elena schildert nach Liebrecht die Zofe die
„verborgensten Reize‟ ihrer Herrin, ihre Schmucksachen, ihre Ge-
mächer etc. (S. 111). Ein Muttermal scheint also dort noch nicht erwähnt
zu sein.

[4]) Der König Florus könnte z. B. sehr gut nach dieser Vorlage
gearbeitet sein, indem sein Verfasser die infolge seines Kostümwechsels
nothwendigen Veränderungen vornahm. Girbert hätte dann nur das
Muttermal aus dieser Paralleldarstellung zum Grafen v. Poitiers aufgenommen.

Personen des Mirakels zum Christenthum ist nämlich eine
äusserst verschwommene. Offenbar hat der Verfasser des
Mirakels sie absichtlich ignoriert. Soviel ist indessen
gewiss, dass der König Alfons ein Bruder des Königs
von Granada ist (v. 137 etc.), mit dem er zusammen mit den
Königen von Tarsus, Marocco und anderen Muselmännern
(v. 1412 f.) gegen Rom zieht. Da der drohende Krieg güt-
lich beigelegt wird, scheut sich der Kaiser Lothar nicht
mit diesen Ungläubigen auf das friedlichste zu verkehren.
Otto selbst war an Gott verzweifelnd zum Islam überge-
treten (v. 1301 f.) und erst nachträglich zum rechten
Glauben zurückgekehrt (1517 f.).[1]) Alle diese Züge
verrathen eine relativ tolerante Haltung der ursprünglichen Vorlage; dieselbe wird demnach von der mächtigen
katholischen Reaktion des XIII. und XIV. Jahrhunderts
noch unberührt gewesen sein; eine Reaktion, von der einige
Mirakel, die nach jüngeren Quellen gearbeitet sind, die
deutlichsten Spuren aufweisen.

Die drei genannten Punkte: die Alterthümlichkeit der
Personen und des Kostüms, die unklare Schilderung des
Muttermals und schliesslich die religiöse Haltung, bestimmen mich die Vorlage des Mirakels in das XII. Jahrhundert zu verlegen. Wir besitzen also in dem Mirakel
eine vom Grafen v. Poitiers unabhängige, vielleicht ihm
gleichzeitige, jedenfalls nicht viel spätere Darstellung
unserer Sage. Die ursprüngliche Form derselben wird
vermuthlich die epische gewesen sein.

Da erhebt sich nun die Frage[2]): kann nicht schon die anonyme italienische Novelle nach der Vorlage des Mirakels

---

[1]) Dies erinnert an den „Grafen Rudolf": Scherer, Geschichte der
deutschen Litteratur ³ S. 97. Dass wirklich die „Kreuzfahrer" namentlich
die Normannen, tolerant oder wenigstens bisweilen sehr weitherzig
waren, ist aus Dozy (Recherches ... sur l'Espagne ³ z. B. II, 332 f.)
zu ersehen.

[2]) Die umgekehrte Fragestellung ist nach dem obigen ausgeschlossen. Der Dichter der Mirakel bevorzugt entschieden bürgerliche
Figuren; er würde also die Kaufleute nicht wieder zu Rittern gemacht

verfasst sein? Wirklich lassen sich einige Züge anführen, die für eine derartige Benutzung sprechen. — Die Umwandlung der Ritter in italienische Kaufleute würde natürlich auf Rechnung des Italieners zu setzen sein. — Die Rolle der Frau: ihre Verkleidung als Mann, ihre Flucht nach einem Lande der Muselmänner, ihr thatkräftiges und entscheidendes Eingreifen in die Handlung, ist in beiden Darstellungen übereinstimmend wiedergegeben.

Ausser in diesen allgemeinen Umrissen begegnen wir aber auch in der näheren Ausführung fast wörtlichen Uebereinstimmungen. In den Details bietet sogar der sonst so abweichende König Florus Anklänge, welche bald an das Mirakel, bald an den Anonymus erinnern. Letzteres kann nicht überraschen, da ich bereits angedeutet habe (S. 40), dass der Verfasser des König Florus wahrscheinlich die gleiche Vorlage wie der Anonymus benutzt hat. Die Richtigkeit dieser Vermuthung vorausgesetzt würden alle drei: der König Florus, der Anonymus und das Mirakel, auf die gleiche (epische?) Vorlage zurückgehen.

In allen drei Redaktionen erscheint die Frau als Knappe verkleidet, welcher sich hauptsächlich durch seine Geschicklichkeit im Servieren (im K. Florus noch durch die kunstvolle Bereitung des „pain françois") die Achtung und Liebe seines Herren erwirbt. Voller Bewunderung fragt diesen der Herrscher des Sarazenenlandes, wer der schöne Jüngling sei (Anonymus S. 47, 29), und verlangt, dass ihm der Knappe abgetreten werde. Später vertraut er ihm sogar die Verwaltung einer Stadt an (A. S. 48, 10). Ganz ähnlich verläuft die Schilderung des Mirakels. Als die arabischen Fürsten zusammenkommen, erkundigt sich der eine sofort nach dem Namen des geschickten

---

haben. Auch der Zweikampf etc. des Mirakels stammt aus einer älteren Zeit; zur Zeit der Mirakel war ein ordentliches Gerichtsverfahren gebräuchlich wie Nr. XXVI zeigt. Der Ortsvorsteher untersucht den Thatbestand (v. 669 f.) und sperrt die Verdächtigen — separiert! — ein (v. 689 f.).

Knappen (v. 1273), und bald erfolgt auch hier seine Er-
hebung zu einer höheren Würde (v. 1365)[1]).

Nachdem die Frau (beim Anonymus und im König
Florus) aus dem eigenen Munde des Verräthers die näheren
Umstände des ihrem Gatten gespielten Betruges erfahren
hat, eilt sie nach Hause, um den letzten Schlag zur Wiederherstellung ihrer Ehre zu führen. Dort angelangt fordert
sie selbst (noch in Mannskleidern) den Verräther zum
Zweikampf heraus (R. Flore S. 47. Miracle v. 1714 f.)[2]),
den jedoch der anwesende Gatte übernimmt. Der Anonymus musste diesen Zweikampf fallen lassen, da seine
Helden einfache Bürger sind; trotzdem giebt er die Er-
kennungsscene fast mit denselben Worten wie das Mirakel.
Erst nach der Entlarvung des Verräthers offenbart sich
nämlich die noch immer als Mann verkleidete Frau:
Miracle v. 1696. Tenez, regardez ma poitrine
    G'y ay mamelle conme fame.
Anonymus S. 50, 24. El detto Maliscalco si spogliò ignu-
dato, e mostrò com' ella era femina.

Selbstverständlich sind die Beziehungen zwischen dem
Mirakel und dem Anonymus mannigfaltigere als etwa die
zwischen dem Mirakel und König Florus, dessen Verfasser
zu einschneidende Veränderungen mit dem Stoffe vorge-
nommen hat. Allein auch der Verfasser des Mirakels
scheint sich, schon um abkürzen zu können, Eingriffe in
die überlieferte Intrigue erlaubt zu haben.

Aus den Romanen wissen wir, dass ein Bote abge-
sandt wurde, um die Frau zur Konfrontation zu rufen.
Diesen Boten hat der ital. Anonymus, wie gezeigt, beibehalten; ihm wurde nachher die Frau zur Bestrafung
übergeben. Die Frau liefert ihm aber nur ihre Kleider
aus, damit er sie als Zeugnis ihres Todes vorweisen

---

[1]) Nach der naiven Darstellung scheinen die von seinem Servieren
entzückten Könige nichts Anderes zu thun zu haben, als sich zur Tafel
zu setzen; Miracle v. 1267, 1277 f. 1350, 1377 f. (ähnlich beim Anonymus).

[2]) Im Cantare d. M. Elena übernimmt die Heldin, mit Zurück-
weisung aller Stellvertreter, in eigener Person den Zweikampf l. c. S. 111.

kann. Zugleich ist auf diese Weise die Verkleidung der Frau sehr gut motiviert. S. 46. „Dammi i tuoi panni, e portane i mei. e dirai al tuo padrone e mio marito, che tu m'abbia morta; ed egli lo crederà, vedendo i miei panni." Im Mirakel tritt nun dieser Bote auch auf, allein hier ist der Bote ein freiwilliger, ein Bürger von Burgos, der seiner Fürstin die Wette, ihren Ausgang und die Ankunft des rachedürstigen Gatten meldet (v. 982 f.). So kann die Frau, rechtzeitig gewarnt, an ihre Rettung denken. Wäre es˙ nun sicher, dass diese Scene bereits in der älteren Vorlage so gestaltet war, so müsste die Darstellung des Italieners als ein Rückschritt betrachtet werden. Indessen scheint mir die Einführung dieses loyalen Bürgers[1]) eine eigene, nicht ungeschickte Zuthat des Verfassers unseres Mirakels zu sein, der seine Vorlage damit gleichzeitig abkürzen wollte. Die Anlegung· der Manneskleider von Seiten der Frau bleibt bei ihm unmotiviert; besonders aber ist es auffällig, dass die Frau auch hier den Boten durch eines ihrer Kleider (v. 1030. Donnez li une de mes robes Toute enterine) belohnt. Deutlicher, meine ich, kann uns nicht verrathen werden. dass dies an den Boten bzw. Diener ausgelieferte Kleid auch in der Vorlage des Mirakels sich befand, und dass die Scene ursprünglich in der Weise des alten Italieners dargestellt war.

Jeder noch so wahrscheinliche Rückschluss bleibt jedoch immer eine Vermuthung; daher müssen wir uns hier mit der blossen Möglichkeit begnügen, dass der Italiener vielleicht die Vorlage unseres Mirakels schon gekannt und nur umgearbeitet hat. Und das gleiche „vielleicht" gilt in noch höherem Masse von dem Verfasser des König Florus.

---

[1]) Die Verfasser der Mirakel lieben, Bürger, besonders loyale Bürger, in ihren Stücken auftreten zu lassen. So vertraut der König von Spanien in unserem Mirakel die Vertheidigung der Stadt und seiner Tochter Bürgern an, welche er sogar dem Namen nach kennt (M. v. 150 f.).

Rekonstruktion der Sage.

Bevor wir diese Wiederherstellung unternehmen, ver-
gegenwärtigen wir uns das bisherige Resultat unserer
kritischen Untersuchung. Die verschiedenen Redaktionen
unserer Sage lassen sich auf zwei Vorbilder zurückführen,
von denen wir das eine im Grafen von Poitiers und dem von
ihm durchweg abhäugigen Veilchenroman finden; das andere
dagegen haben wir höchst wahrscheinlich im Mirakel vor
uns. Jedoch muss das Schauspiel aus den vielleicht
sekundären Erzählungen vom König Florus und den
italienischen Kaufleuten des Anonymus (Boccaccio) ergänzt
werden. Unter Beiseitelassung der sicher vorhandenen, mir
aber unbekannt gebliebenen Zwischenglieder beabsichtige
ich also die Originalerzählung, aus welcher diese beiden
Haupterzählungen sowie ihre direkten oder indirekten
Ausläufer geflossen sind, herzustellen.

Simrock (1. c. S. 276) vermuthet, dass unsere Sage
ursprünglich lateinisch und zwar in Prosa verfasst gewesen sei. Dies halte ich für nicht unmöglich. Wahrscheinlich gehörte sie im weiteren Sinn [1]) zu den geistlichen No-

---

[1]) Zu den eigentlichen Marienlegenden, über welche Mussafia in
den Sitzungsberichten der Wiener Akademie 1887—89 handelt, gehörte
unsere Sage nicht, wohl aber die „Kaiserin von Rom." Letztere zusammen mit der Susanna-Geschichte ist ja für die ganze Erzählungs-
gruppe vorbildlich gewesen. Daher sehe ich in der S. 25. Anm. 4.
erwähnten Episode des Veilchenromans nur eine Rückbildung zum
Originaltypus.

vellen mit denen seit dem XII. Jahrhundert Kleriker
und Mönche Europa überschwemmten. Wenigstens scheint
das Eingreifen der Madonna[1]) in die Handlung bereits
in der Urgestalt der Sage stattgefunden zu haben. Im
Grafen von Poitiers hören wir, dass die Heldin eine
treue Dienerin der Mutter Gottes ist (v. 543); der Verräther erklärt sich seinen Sieg durch die Machtlosigkeit
der Jungfrau:

C. d. P. 824. La mere Dieu qu'el (die Heldin) servoit tant
            Li a fait moult povre garant.

Diese Spur ist von hoher Bedeutung; sie gestattet
die Vermuthung, dass der Verfasser des Mirakels keine
eigentliche Neuerung oder Umgestaltung seiner Vorlage
vornahm, als er die Madonna direkt einführte.[2]) Dazu
kommt, dass auch in den übrigen Redaktionen, welche
allerdings unsere Sage verweltlicht haben, ein Wunder,
wie einst in der Susannageschichte, trotz aller Rationali-
sierungsversuche die Entscheidung herbeiführen muss.
Die epische (?) Vorlage des Mirakels hatte höchst wahrscheinlich den geistlich-erbaulichen Charakter der Originalerzählung noch treuer als der Graf von Poitiers bewahrt.
Mithin haben wir uns das Verhältnis dieser muthmasslichen
Vorlage unseres Mirakels zu dem Original ähnlich zu denken
wie das der epischen Bearbeitungen Gautiers de Coinci zu
ihren novellenartigen Vorbildern. Diese epische Bearbeitung
der vorauszusetzenden lateinischen Prosanovelle wurde dann

---

¹) Der Mariendienst ist für die katholische Bewegung charakteristisch, Grimm, Goldene Schmiede p. XXII, während die akatholische
(„häretische") Strömung den Mariendienst mehr oder weniger schroff
zurückwies, cf. Wattenbach, Ueber die Inquisition etc. Separatabdruck
aus A. K. P. A. d. W. 1886 S. 54 f.

²) In den „Zwei Kaufmännern" von Ruprecht v. Würzburg findet
sich (bei von der Hagen l. c. v. 684 f.) auch eine Spur des Eingreifens
Gottes oder Marias; diese Erzählung ist übrigens aus unserer Sage und
der bekannten Geschichte von der „verstümmelten Stellvertreterin"
zusammengeschweisst. Dieselbe Verbindung zeigt das neugriechische
Volkslied, welches die Brüder Grimm nach Bartholdy mittheilen: Alt-
deutsche Wälder 1815 II, 181—84.

4*

genau so wie die Gautiers de Coinci in ein Mirakel verwandelt; z. B. Gautier de Coinci ed. Poquet S. 426 f. (Miracle Nr. XVI), S. 556 f. (Miracle Nr. XV) S. 231 f. (Miracle Nr. XXVI) etc.

Die Originalerzählung zeigte also, wie eine Ehefrau kraft ihrer Frömmigkeit die eheliche Treue bewahrte. Doch durfte die Versuchung nicht allzugross sein. Denn noch war das Weib dem Manne völlig untergeordnet [1]. Daher musste sie mit dem Gatten und dem Verräther mindestens ebenbürtig sein [2]; vielleicht war sie sogar dem Range nach höher stehend als ihr Gemahl [3]; im letzteren Falle würde ihr Widerstand gegen den Versucher — als

[1] So setzen die mittelalterlichen Dichter die Liebe der Frau stets ohne weiteres voraus. Erst die moderne Zeit kennt das bald glückliche, bald vergebliche Werben des Gatten um die Liebe seiner Frau; diese findet sich z. B. in der Princesse de Cléves von M. de la Fayette, jene besonders bei den Tagesschriftstellern z. B. Ohnet, Le maitre de forges, Zola, Nantas etc. Doch ruft der Klassengeist eine, wenngleich modifizierte, Annäherung an die mittelalterliche Auffassung noch heute hervor z. B. Voltaire, Nanine; Augier, Le gendre de M. Poirier etc.

[2] In der Erzählung Ruprechts v. Würzburg wird dies geradezu ausgesprochen (l. c. S. 360): Min tohter sol nemen einen man, der ir wol sī genôzsam.

[3] Im Mirakel ist sie die Erbin von Spanien. In dem Cantare di M. Elena (l. c. S. 110) ist sie Herrin der Stadt „Gironda". Im König Florus ist sie eine reiche Erbin, während ihr Gatto, ähnlich wie in Jean et Blonde v. Philippe de Remi, nur ein armer Ritter ist, welcher von seinem Solde und den Turnierpreisen lebt. (Ueber diese Turnierpreise R. d. l. Violete v. 3830 f. 6062 f. Vair Palefroy, Barb. u. M. I v. 320 „vit de proie". Florance et Blanche Flor, Barb. u. M. IV. v. 123 f. Guillaume au Faucon v. 380 f. etc.) Bei einer unebenbürtigen Frau hätte der Versucher nach damaliger Anschauung vielleicht keinen oder nur geringen Widerstand finden können. Wenigstens gewinnt er im Veilchenroman die Zofe durch das Anerbieten, sie zu einer „Dame" (R. d. l. V. v. 668) zu erheben; über die scharf abgegrenzten Frauenklassen: Roman des VII. sages v. 185—216. Im Mirakel Theodore (Nr. XVIII) wird eine Frau durch das gleiche Anerbieten zum Ehebruch verleitet. Eine eigentliche Mesalliance war im Mittelalter die Ehe mit einer unebenbürtigen Frau; z. B. hatten die Capetinger (von der bekannten Verleumdung abgesehen, Dante Purg. XX, 52) den Vorwurf einer Mesalliance zu ertragen: A. Schultz l. c. I, 479 Anm. 2.

eine That freier und bewusster Selbstbestimmung — noch
an moralichem Werthe gewinnen.
Ueber die Art und Weise, wie in der Urgeschichte
der Verräther die Zeugnisse — denn um diese allein
handelt es sich zunächst — erhalten hat, kann,
glaube ich, kein Zweifel aufkommen: er hat, von
der Dame abgewiesen, ihre Zofe bestochen[1]), welche ihm
die angeblichen Liebespfänder lieferte. Dagegen darf
man wohl fragen, wie die Zofe ihrerseits in den Besitz
dieser Gegenstände gelangte? Diese Frage lässt sich jedoch mit
Sicherheit nicht mehr entscheiden. Möglicherweise spielte
schon in der Urerzählung ein Bad eine gewisse Rolle. Im
Grafen von Poitiers heisst es nämlich, die Zofe habe die
Haare gestohlen: Quant ele le (die Gräfin) mena baig-
nier (395); allein dies wird nur beiläufig erwähnt, im
Mirakel und im Cantare di M. Elena fehlt sogar jede
Erwähnung eines Bades. Wie dem auch sei, wahrscheinlich hat man schon frühzeitig — vielleicht im Anschluss
an die Susannageschichte[2]) — eine Badescene in unsere

---

[1]) In der alten Erzählung wird der Verräther der Dienerin ein
formelles Eheversprechen gegeben haben, so im Cantare d. M. Elena
l. c. S. 111. Im Grafen von Poitiers ist dies Eheversprechen ausge-
lassen (S. 12—13), später erscheint sie als seine Maitresse (v. 810).
Ebenso Girbert im Veilchenroman. Im Mirakel und in den übrigen
Redaktionen wird nur noch von Geschenken gesprochen (v. 790 f.).
In der späteren italienischen Lyrik (Giustianiani) wird den Dienstboten
(Sklaven) für Gefälligkeiten ähnlicher Art die Freiheit verheissen:
A. Gaspary, Italienische Literatur II, 183.

[2]) Die Badescene konnte aus der Susannageschichte nicht unverändert übernommen werden, weil die Frauen im Abendland sich wohl
nur in bedeckten Räumen badeten, daher bemerkt ein italienischer Ueber-
setzer: E secondo ch'era usanza in quello paese d'oltremare, per lo
grandissimo caldo, di bagnarsi (abgedruckt in L'Etruria 1852 S. 661).
Die Geschichte von der schönen Susanna stammt aus hellenistischen,
nicht aus orientalischen Kreisen, schon das Wortspiel (v. 54) spricht
für ein griechisches Original. Sie verräth bereits den wohlthätigen Einfluss der römischen Monogamie, zu deren Verherrlichung sie verfasst zu
sein scheint. Sie strotzt von Ungereimtheiten, aus denen Frankel
(Monatsschrift . . , des Judentums 1868, 447) sehr wagehalsige Schlüsse

Sage eingeschoben; zugleich mit ihr wird dann auch noch das Muttermal[1]) hinzugekommen sein.

Ueber die Rolle des Gatten ist nur wenig zu sagen. Er war nothwendigerweise und von Hause aus ein halbpassiver Zuschauer des Triumpfes seiner Frau. Schon beim Abschluss der Wette wurde er zur Unthätigkeit verpflichtet; selbstverständlich musste er nämlich versprechen, seine Gattin von der beabsichtigten Prüfung ihrer Treue nicht zu unterrichten. Die Wettenden selbst werden ursprünglich ihr Leben als Einsatz geboten haben (Madonna Elena); erst allmählig sank dann dieser Einsatz bis auf eine Geldsumme (Anonymus) herab.

Der Schauplatz endlich der ältesten Darstellung scheint allein vom Mirakel beibehalten zu sein: Südfrankreich, Spanien und Italien. Nach Südfrankreich versetzt uns auch Madonna Elena; im König Florus spielt ebenfalls eine südfranzösische Stadt (Marseille) eine Rolle. Nach Italien und dem Sarazenenlande führt uns die Novelle des Anonymus. Vielleicht war in der Originalerzählung auch von San Jago d. C. die Rede; der Verfasser des Mirakels hat möglicherweise diesen berühmten Wallfahrtsort nur übersprungen. Nach San Jago, behauptet der Verräther im Grafen von Poitiers, sei er unterwegs; von dort kommt der Herzog von Metz im Veilchenroman, welcher die Heldin auffindet; dorthin begiebt sich Robin im König Florus. Jedoch wie die soziale Stellung und das Kostüm der Personen mit der Zeit modernisiert wurde — die alten

---

gezogen hat. Die Geschichte selbst ist entweder eine für sich allein stehende Novelle (ein weiblicher Joseph) oder ein Fragment aus einem griechischen Danielroman. Den nicht kanonischen Charakter dieser Erzählung hat bereits Wetstein in seiner Dissertation (Basel 1691) gegen Bellarmin und die übrigen „Papisten" dargethan. — Der italienische Anonymus nahm die Kiste oder den Koffer (cf. R. Köhler in Orient und Occident 1864 S. 313 f.) auf, weil er die Erzählung in bürgerliche Kreise versetzt hatte; infolgedessen musste er den freien gesellschaftlichen Verkehr, der nur unter Adligen bestand, fallen lassen; die Bürger lebten damals viel zu abgeschlossen.

[1]) Bekanntlich wird auch im Macaire ein Muttermal verwerthet.

Feudalherren der Vorzeit wurden gewöhnliche Ritter und schliesslich Bürger — so lässt sich auch eine fortrückende Verschiebung der Bühne namentlich in den französischen Bearbeitungen nachweisen. Im gewissen Sinne vollzog sich in Frankreich mit den Personen sowohl wie mit dem Schauplatz ein nationaler Akklimatisationsprozess. Von Burgos (Mirakel) werden wir nach Poitiers und Paris (Graf v. Poitiers), nach Pont de l'Arche, Nevers, Metz (Veilchenroman) und schliesslich nach Flandern (König Florus) geführt. Dies schliesst nicht aus, dass die Sage nordfranzösischen Ursprungs sein kann; war doch vor den Albigenserkriegen Südfrankreich für die Nordfranzosen eine wirkliche „terra incognita", also das ganz geeignete Terrain einer Dichtung!

Nach diesen Vorausbemerkungen können wir die sicher nur kurze Originalerzählung [1]) aus den verschiedenen Redaktionen [2]) zusammenstellen.

In der Urzeit des französischen Königthums (P. E. V. M.) lebte eine reiche Erbin (M. F. E.), um deren Hand sich zwei Männer bewarben. Der eine wurde zurückgewiesen (P.), der andere, obgleich von der Mutter nicht geachtet (F.), erhielt die Hand der Dame durch die Gunst ihres Vaters (F.) oder ihres Lehnsherren (E. M.). Der abgewiesene Bewerber sann auf Rache. Kurz nach der Vermählung des Paares (E. M. F.) traf er den jungen Ehemann (so alle); absichtlich greift er die Ehre der abwesenden Frau an und zwingt dadurch den einstigen Nebenbuhler, die von ihm vorgeschlagene Wette anzunehmen (so alle). Trotzdem die Frau im Rufe hoher Frömmigkeit stand (so alle), ja sich des besonderen

---

[1]) Für den relativ mässigen Umfang der Erzählung sprechen der Graf v. Poitiers, König Florus und der italienische Anonymus (Boccaccio). Girbert gelang es, wie gezeigt, nur durch gewaltsame Unterbrechung der Handlung einen längeren Roman daraus zu machen.

[2]) Ich gebrauche folgende Abkürzungen: Comte de Poitiers = P. Roman de la Violete = V. Roi Flore = F. Italienischer Anonymus = A. Miracle = M. Cantare di M. Elena = E.

Schutzes der H. Jungfrau erfreute (P. M.), brach der
Herausforderer voller Zuversicht auf, um seine Wette
zu gewinnen (so alle). Aber er wurde abgewiesen und
erreichte nur durch ein bestochenes Weib (so alle) Gelegenheit, sich Zeichen einer Gunst, die ihm nicht zu Theil
geworden war, zu verschaffen (so alle). Vom Gatten
wurden die gemachten Angaben bezw. beigebrachten Pfänder
als beweiskräftig angesehen; er beschloss daher sofortige
Bestrafung der Frau (so alle). Dieselbe übernahm er
selbst (P. E. V. M.), jedoch wurde er darin gestört.[1] In
ihrer Bedrängnis flehte nämlich die Frau zur Madonna
oder zu Gott (P. V. M. A.) und ward sofort erhört (die-
selben). Eine wunderbare Veränderung vollzog sich in
dem Manne, der sie eben noch mit dem Tode bedrohte
(P. V. A.); er liess die Frau unbestraft entweichen (die-
selben). Beide Gatten wurden von einander getrennt (so
alle, ausgenommen F.). Sie verkleidete sich (so alle, ausgenommen E.) und gelangte an den Hof eines Verwandten
(des Vaters, E.), wo sie die freundlichste Aufnahme fand
(so alle, ausgenommen F.). Nach längeren Irrfahrten
kam auf einem Kriegszuge (M.) der Gatte, welcher sich
inzwischen von der Unschuld seiner Frau überzeugt hatte
(P. V. F. M.), an denselben Ort. Durch das entschlossene
und thatkräftige Eingreifen der Frau (E. F. A. M.) wurde
nunmehr der durch den Krieg (M.) ebenfalls herbeigeführte
Verräther entlarvt. Ein darauf folgender Zweikampf (fehlt
nur bei den Italienern) vernichtete die Glaubwürdigkeit
des letzteren völlig und stellte die Ehre der Frau glänzend
wieder her. Der Verräther und seine Helfershelferin
wurden auf das Grausamste bestraft (so alle, ausgenommen F.).[2]

---

[1] Als eine gleichwerthige Doublette dürfen wir vielleicht die Diener-
scene des Anonymus (S. 35) betrachten. Doch denkt selbst Posthumus
bei Shakespeare zunächst nur daran, in eigener Person Rache an der
Frau zu üben (Cymbeline II, 4 am Schluss).

[2] Die grausame Strafe in der Susannageschichte erfolgte nach den
Rechtsgrundsätzen der Pharisäer (Wellhausen, Die Pharisäer und die S.
S. 68), welche glücklicherweise zu keiner Zeit und in keinem Lande

Diese kurze Inhaltsangabe der hypothetischen Urerzählung zeigt uns, dass sie besonders drei schwache Punkte
enthielt, welche eine Verbesserung von Seiten des Be-
arbeiters geradezu herausforderten: der Beweis des angeblichen Ehebruchs, die Verhinderung der Strafe und die
Entdeckung des Verraths. Mit diesen drei Punkten hat
sich in der That der Scharfsinn aller Bearbeiter beschäftigt;
je nachdem der eine oder der andere dieser Punkte ab-
geändert wurde, verschob sich die äussere Form unserer
Sage. Es sei mir gestattet einen zusammenfassenden
Ueberblick der verschiedenen Redaktionen zu geben,
schon um zu zeigen, in welcher Weise ich mir die Entwickelung der einzelnen Rezensionen aus der Originalerzählung oder auch aus den Mittelgliedern denke.

Ursprünglich wurde also, wie gesagt, der Ehebruch
durch rein äussere Mittel bewiesen. Diese Form ist uns
im Grafen von Poitiers überliefert. Hierbei war die Konfrontation der Frau mit dem Verräther unbedingt nothwendig. [1] Es lag nun nahe diese unzulänglich erscheinende

Anerkennung gefunden haben. Die mittelalterlichen Schriftsteller moti-
vierten sie durch den vorhergegangenen Zweikampf. Im Mirakel wird die
Strafe nicht direkt erwähnt, was Michel bereits (Notice p. XXV) ange-
merkt hat. Rochs (l. c. S. 26) folgert aus den Worten Michels, dass
„das Mirakelspiel unvollständig überliefert sei", und dass dem „Geschmacke der Zeit zufolge" noch der Teufel etc. auftreten müsste. Dieser
Schluss wird durch keine Sachkenntnis getrübt. In Bezug auf den Zeit-
geschmack steht es z. B. fest, dass die Kaiserin von Rom um die Ver-
zeihung ihrer Feinde bittet, Gautier de Coinci bei Méon, N. R. II, v. 2756
f., 3290 f., Miracle Nr. XXVII, 2003 f. Dasselbe thun die Zuschauer
im König Florus (S. 53). Nun wird aber thatsächlich der Verräther
Berengar in aller Form festgenommen (Nr. XXVIII, 2060 f.), seine
Strafe nur aufgeschoben, nicht aufgehoben v. 2035. Unser Mirakel ist
also nicht verstümmelt, es schliesst wie z. B. Nr. IV v. 1481. XII.
1353 etc. Auch in einem deutschen Susannadrama wird die Vollziehung
der Strafe auf der Bühne nicht aufgeführt: H. Grimm, Fünfzehn Essays
N. F. 1875, S. 150, der aber den Vorgang falsch erklärt; richtig Pilger,
Zeitschrift für deutsche Philologie XI, 153.

[1] Sie findet sich bereits in dem muthmasslichen Prototypus
unserer Sage: Daniel XIII, 29 Et dixerunt coram populo: Mittite ad
Susannam.

Beweisführung abzuändern und an ihre Stelle eine auf einem körperlichen Zeichen beruhende einzusetzen.[1]) Ist unsere Vermuthung in betreff des Alters der Vorlage des Mirakels richtig, dann hat vielleicht der unbekannte Verfasser derselben das Muttermal zuerst eingeführt und, wie gezeigt, noch etwas ungeschickt ausgenutzt. Durch diese Aufnahme wurde der Gang der Handlung nothwendigerweise modifiziert: die Herbeirufung der Frau konnte nunmehr fortfallen. Der von der Schuld seiner Gattin überzeugte Mann konnte entweder selbst (Mirakel) oder durch einen Stellvertreter (Anonymus-Boccaccio) die Strafe ohne weiteres vollziehen. In beiden Fällen verlor die Rettung der Frau nicht den romantisch-wunderbaren Beigeschmack, den sie in der älteren Version hatte. Der einzige Bearbeiter, der sich hier eine fundamentale Abweichung von der Originalvorlage erlaubte, ist der Dichter des König Florus. Indessen bleibt es beachtenswerth, dass auch in dieser verbesserten Ausgabe die ältere Fassung, „insignia" als Beweismittel zu gebrauchen, insofern fortwirkte, dass alle späteren Bearbeiter (mit Ausnahme des König Florus) dem neugefundenen Muttermal zum Trotz von diesen Zeugnissen sprechen, oder gar von denselben noch Gebrauch machen.

· Die Entdeckung des Verraths war jedenfalls ursprüng-

---

[1]) Man denke an den weiten Inhalt des Wortes „insignium (Ducange) enseigne". Eine Ueberlegung, wie sie Shakespeare dem Jachimo (Cymbeline II, 2) in den Mund legt, ist so naheliegend, dass wir sie auch für den Urheber dieser „Erfindung" in Anspruch nehmen können. In den mit unserer Erzählung verwandten Sagen wird gerade der angebliche Ehebruch auf die verschiedenste Weise bewiesen: In der Kaiserin von Rom wird die Frau auf die blosse Aussage eines für ehrenhaft gehaltenen Zeugen (wie Susanna) zum Tode verurtheilt. Im Macaire wird ihr ein Zwerg ins Bett gelegt, ähnlich in der Marquise de la Gaudine (Miracle Nr. XII), denn nach franz. Gesetzen musste die Frau in flagranti ergriffen werden (Gide l. c. S. 390. Anm. 2). Daneben finden sich auch äussere Pfänder (wie im Grafen v. Poitiers) z. B. in dem späteren Volkslied „Marianson, dame jolie" (Haupt, Franz. Volksl. S. 99.); Gebrüder Grimm, Deutsche Sagen. Nr. 513. Eine eigenthümliche Kombination bei Simrock l. c. I, 276 etc.

lich durch göttliche Offenbarung erfolgt (Mirakel);[1] daraus machte der Verfasser des König Florus ein indirektes Wunder: die Reue treibt den Betrüger zum Geständnis. Der Anonymus, noch mehr aber Boccaccio, überliess die Entlarvung dem Zufall. Die kühne Aenderung, welche der Dichter des Grafen von Poitiers in diesem Punkte vornahm, hat nur Girbert benutzt. Mit ihr verlor man freilich gerade das aus dem Auge, was man beweisen wollte: die alle Hindernisse besiegende Liebe der Frau, welche so furchtbar in ihrer moralischen Kraft verkannt war. Am besten wäre die Herbeiführung der schliesslichen Aufklärung dem Verfasser unseres Mirakels gelungen, wenn er seine eigenmächtige Abweichung von seiner Vorlage für das Stück weiter ausgenutzt hätte. Denn die von dem Verrathe rechtzeitig benachrichtigte Heldin hätte nicht bloss durch ihre Flucht den ihr drohenden Schlag parieren, sondern auch eine Lösung der Verwicklung auf natürlichem Wege anbahnen können. Allein Zweck und Aufgabe des Schauspiels war es ja gerade, die wundersame Macht der H. Jungfrau zu erweisen, so wurde nothwendigerweise sein Verfasser an der Ausnutzung seines höchst brauchbaren Einfalls verhindert.

Fassen wir nun die mannigfachen Modifikationen, denen wir in Bezug auf die Unterbrechung der Strafvollziehung und in Bezug auf die Entdeckung des Verrathes begegnen, unter einem Gesichtspunkt zusammen, so müssen wir sagen, sie bezwecken sämmtlich die in der Urerzählung enthaltenen Wunder zu rationalisieren, oder gänzlich zu tilgen. Dies Unterfangen war aber schon deshalb eine Sisyphusarbeit, weil mit der Aufnahme des Muttermals der von der Frau zu leistende Gegenbeweis so gut wie unmöglich geworden war. Die letzte Erwägung darf uns

---

[1] cf. Daniel XIII, 45. In der Inhaltsangabe des Cantare di M. Elena bemerkt Liebrecht, wie der Verrath entdeckt sei, „wird nicht gesagt."

vielleicht veranlassen, die Einführung dieses Males in unsere Sage der kasuistisch geschulten Reflexion eines Klerikers und nicht einem Laien zuzuschreiben: das von der Madonna vollzogene Wunder musste um so grösser erscheinen, je weniger menschliche Anstrengung gegen das beigebrachte Zeugnis vermochte.

Vita.

Rudolf Ohle, Sohn des 1873 verstorbenen Predigers Karl Ohle, bestand, nachdem er die Schule eine Zeit lang verlassen hatte, die Maturitätsprüfung zu Tübingen im Sommer 1878. Hierauf trat er mehrere Reisen an und bezog Ostern 1880 die Universität zu Berlin, um sich dem Studium der Theologie und Philologie zu widmen. Er legte in Berlin das Oberlehrerexamen und die erste theologische Prüfung ab und erwarb sich in Jena auf Grund seiner Abhandlungen über die Essener die Würde eines Licentiaten der Theologie. Er ist seit Ostern 1888 am königlichen Joachimsthalschen Gymnasium zu Berlin angestellt.

Druck von G. Zahn & H. Baendel, Kirchhain N.-L.